「英語一辺倒の外国語教育」を
もうやめよう

木本 清

鳥影社

まえがき

　筆者は、市の中心地からかなり離れた、山村と漁村の間に位置する農村に、住んでいる。それでもすぐ近くには

　　　　パティスリ→ "pâtisserie"
　　　　（「ケーキ店」を意味する仏語）
と、ドアに書いた店がある。そして中には、お馴染みの
　　　　クロワッサン → "croissant"
　　　　エクレア → "éclair"
　　　　シュークリーム → "chou à la crème"
等が並べられている。
　JR門司駅近くには「メルヘン」
　　　　→ "Märchen"（「童話」を意味する独語）
という、洋菓子店もある。
そこから少し離れた所には、「ピザ専門店」があり
　　　　"pizzeria"（「ピザ店」を意味する伊語）
と書かれ
　　　　マルゲリータ・ピザ→ "pizza margherita"
　　　　カプリッチョーザ・ピザ→ "pizza capricciosa"
　　　　　（我が国では「ミックスピザ」）
等が並べられている（これ以外にもまだあるが、筆者には到底理解できない）。
　但し、最も数が多いのは理髪店や写真屋さんで、それ

それ英語で
　　　　　　　"hair salon"、"photo studio"
と、書かれている。

　北九州市内で、仏語、独語、伊語辞典をお持ちの方は、どれほどいるのだろうかと思ったが、よく考えてみると、辞書の必要性はない。なぜなら、ドアや窓ごしに、店の中の様子が分かる。

　"pâtisserie" や "Märchen" の意味が理解できなくても、「洋菓子店」ということは、理解できる。英語のみならず、多くの外国語が用いられる理由として
　　　　　中身より外見上のカッコよさ
を、求めるからだろうか（？）。

　筆者が小・中・高校生くらいの時までは
　　　　〜洋菓子店（あるいは「洋菓子の〜」）
　　　　〜理髪店（あるいは「理容〜」）
だった。筆者の身の回りだけでもこのような状況だから、我が国の状況に及んでは、さらに種々多様であることは想像できる。

　また最近、市内でアジア系外国人を、随分見かけるようになった。それで

もはや英語だけの外国語教育の時代ではなくなった。

というのが、本書執筆のきっかけになった。

「英語一辺倒の外国語教育」をもうやめよう
目　次

まえがき……1

I. 日本英語教育悲史……9

  1．中学校英語教育……11

    （1）「いじめ」……11

    （2）「体罰」……12

    （3）「嘘」……16

  2．高校英語教育 ……19

    （1）「地方公務員法違反」による課外英語教育……19

    （2）これでも管理職（？）
　　　　　福岡県教育委員会が任命した「国際感覚ゼロ」
　　　　　　　　　と「礼儀ゼロ」の管理職 ……23

    （3）「高校英語教育」に関する論争
　　　　　筆者の「高校の英語教育について　興味を引く動機づけが必要」と、その反論「文法力は会話上達の基礎　偏重まではいかぬ高校英語」……31

3．大学英語教育
    これでも大学教授（？）……*45*

    （1）「中学校英語・週3時間」に関する論争
        中学校の英語教育は、「週5時間」でなければできないと、ダダをこねた（？）若林俊輔東京外国語大学教授（当時）と、隈部直光大妻女子大学教授（当時）……*45*

    （2）中学校・高校の英語教育は、文部科学省の「学習指導要領」に基づいて行われることを知らず、行き当たりばったりの大学英語教育を行った（?）、林彦一大阪樟蔭女子大学教授（当時）……*84*

    （3）トルーマン著『回顧録』、チャーチル著『第2次世界大戦』を読まずに（？）、「広島・長崎への原子爆弾投下」に関する一方的な解説を、朝日新聞（西部本社版）に掲載した、木村朗鹿児島大学教授（当時）……*122*

4．現代版英語教育の悲劇
    この日本語レベルで放送受信料を徴収する厚かましさ
    放送用英単語を「カタカナ語」に変え、日本語感覚で用いるNHKの番組担当者　……*131*

（1）「アナウンサー」……*133*

　　　（2）「カタカナ語」……*137*

　　　（3）「日本語感覚」……*147*

　5．「日本英語教育悲史」の締め括り……*167*

Ⅱ．日本教育悲話……*169*

　1．これでも「大学レベル」（？）……*171*

　　　（1）大学卒……*171*

　　　（2）大学付属図書館……*173*

　2．教育関係者の「見て見ぬふり」
　　　「改善できるのではないかこの教育環境」……*177*

　　　（1）どこまで保護者負担……　*177*

　　　（2）高校生の制服……*180*

　　　（3）夏の全国高等学校野球選手権大会は秋へ……*181*

(4) これでも「優遇措置」(?) ……*183*

Ⅲ．外国語教育の理想像……*187*

   あとがき……*191*

I. 日本英語教育悲史

　長年にわたって、我が国の外国語教育を独占してきた英語教育の弊害。その「馴れ合いと堕落、そのうえ無責任で恥知らず」を、見てみよう。

1．中学校英語教育

(1)「いじめ」

　筆者は中学校入学と同時に、英語学習を始めた。当時は週5時間体制（45分授業が5回）だった。担当は、近くの教育大学を卒業後、勤務されていた20代の男性教員のO先生。先生は、文法的な説明の後は、着席順に生徒ひとりひとりを相手に、文型練習（pattern practice）を行った。

　「3人称、現在、単数」の時は、「動詞の原形に"S"を加える」の説明で

　　　　　He <u>likes</u> to play tennis.

　　　　　She <u>likes</u> to play tennis.

までは理解できたが、主語が

　　　　　He → Jack　あるいは She → Betty

に代わると

　　　　　Jack <u>likes</u> to play tennis.

　　　　　Betty <u>likes</u> to play tennis.

と、すぐに理解できる生徒は少なかった。また疑問文に変えると

　　　　　<u>Does</u> he like to play tennis?

　　　　　<u>Does</u> she like to play tennis?

までは理解できたが、主語が

　　　　　　He → Jack　あるいは　She → Betty

に代わると、やはり

　<u>Does</u> Jack like to play tennis?　→ Yes, he does. あるいは
　　　　　　　　　　　　　　　　　　No, he doesn't.
　<u>Does</u> Betty like to play tennis?　→ Yes, she does. あるいは
　　　　　　　　　　　　　　　　　　No, she doesn't.

は、なかなか理解できなかった。

　男子生徒のかどた（門田）君が間違うと

　　　　　　　<u>もんた</u>、<u>よう聞いとけ</u>。
　　　　　　　　　　↓
　　　　　　　先生の説明をよく聞きなさい。

　女子生徒のおおぬき（大貫）さんが間違うと

　　　　　　　<u>おおぬけ</u>（大抜？）、よう聞いとけ。

　筆者（木本）が間違うと

　　　　　　　<u>もとき</u>（本木？）、よう聞いとけ。

と、なった。

　ずっと後になって、カッコいい俳優の本木雅弘さんが現れたので、練習問題を間違い、「本木」と言われたことは、悪いことではなかった（？）。

（2）「体罰」

　当時、定期考査は毎月1回行われた。その度に、実施科目全ての得点の合計が、1点でも多い方から順位をつけ、上位50人の氏名とともに、廊下の掲示板に貼りだ

していた。この作業は、学年所属の先生方が、交代でされているようだった（字体でそれが分かった）。

ある時、O先生が作成されたと思われる、廊下の掲示板に貼りだしていた定期考査の成績順位表に、誰かが小さな字でいたずら書きをした。早速昼休みに、O先生による「いたずら書きの犯人捜し」があった。

「落書きをした者は名乗りでるように」と、言われたが、しばらく誰も黙っていた。すると筆者と同じクラスのY君が、名乗り出た。

O先生は左手でY君の右耳を摑み、右手でY君の左頰に、強烈な平手打ちを一発みまった。小柄なY君は、両手で両頰を抱え、その場にしゃがみ込んでしまった。それほどO先生の右手の一発は、強烈だった。

その場にいた同級生達は、「Y君はO先生の授業中、ほとんど関心を示さなかったので、O先生はその腹いせにしたのでは」と、ひそひそ話をした。筆者は今でも、「落書きをしたのはY君ではない」と、信じている。Y君には「親分肌的な面」があり、その場を収めるために、犠牲になったのではないかと、思った。

Y君は筆者の親友ではなかったが、時々話をした。それは、Y君は長距離走では、何時も学年の先頭を走ったが、英語には全く関心がなかった。他方筆者は、長距離走では学年の最後を走ったが、英語学習は熱心だった。「自分のできないことができる」というのが、2人の距離を狭めたのだと、思った。

Y君は高校進学の予定はなく、中学校卒業後は、家業の農林業を継ぐ予定だと、言っていた。走ることがとても好きで、天気のよい日は、田舎の道を何キロも走ると、言った。

　近隣の幾つかの中学校対抗のロードレース（約5km位だった）では、Y君は学年の代表として出場した。その時も、Y君は先頭を走った。道路脇で応援するクラスの同級生達に、右手の指をいっぱい広げて応えるY君は、カッコよかった。

　人は関心のないこと、必要のないことを強制されても、実行しない。Y君が英語学習に関心がなかったのは、当然である。当時山村と漁村の間に位置する筆者の住む農村では、中学校卒業後高校に進学しないのみならず、高校受験はするが、不合格になれば、そのまま家業を継いで生活する同級生もいた。現在のように生活水準が高くなかったので、生活はできた。

　むしろ筆者のように、英語を熱心に学習する方が、珍しかった。筆者が英語学習に熱心に取り組んだのは、「祖父母、両親が経験できなかった何か新しい世界が、開けるのではないか」という、未知の世界を夢見ていたからだった。そのため、現実の生活を考える多くの同級生とは、言動が一致しなかった。

　Y君ほど強烈ではなかったが、筆者も体罰を受けた。当時通学していた中学校は、正門のみ道路に面していた

が、その他の場所は水田や畑の横にあり、塀など全くなかった。

　入学して間もなく、下足置き場はわざわざ正門から入るより、水田のあぜ道を通って行けば、随分近くなることが分かった。キョロキョロと周りを見て、教員のいないことを確かめて、あぜ道から校内に入ったつもりだった。ところが、運悪く生徒補導係のG先生に見つかり、呼び止められた。先生は
　　おーい、どこから入りよるんか。
と言って筆者に近づき、いきなり左手で右耳を摑み、右手で左頰に平手打ちをした。

　これ以後、男性教員による体罰は、右耳を摑まれ、左頰への平手打ちということが分かった。何度かそのような体罰を受けると、右手が左頰に接触する瞬間、微妙に顔を右方向へ動かすことにより、いくらか衝撃を軽減させた（大きく動かすと、左耳に当たるので）。そして、以後そのことを実行した（打つ方は、右手に気を取られているので、右耳を摑んでいる左手は一瞬疎かになった）。

　制服は、6〜9月が、上は夏用の半袖開襟シャツと決められていた。ところが、梅雨期の風雨の強い日や、9月の終わりに近づくと、寒かった。それで半袖開襟シャツの下に、同じ白色の長袖シャツを着て、寒くて教員がいない時は、下着の長袖シャツを伸ばした。

　またズボンのベルトは緩めにし、できるだけ開襟半袖

シャツは、ズボンの外側に出るようにした。このようにすると、シャツをズボンの下にピッタリ入れるより、暑さが軽減できた。

それでも時々見つかって、「何度言われたら、分るんか」と言われ、体罰を受けた。しかしながら、左頬打たれの「受け身」を実行した方が、風邪をひいたり、暑さを我慢するよりましだと考え、止めなかった。

（3）「嘘」

O先生の口癖は

英語の成績が悪いと、高校に進学できない。

このことを筆者はすぐに、「嘘」と見破った。当時筆者の住む地域の県立高校への入試科目は、国語、数学、社会科、理科、英語の5教科に加えて、配点こそ少なかったが、「保健・体育」などの中学生が履修する全ての科目に及んでいた。従って、英語の点数は、他の教科で充分補うことができた。

この他にも、筆者は「嘘」を見破った。国語の時間、クラスのI君が、与謝蕪村の句

　　　春の海　終日のたり　のたりかな

を

　　　はるのうみ／ひねもすの／たりのたりかな

と、読んだ。すると国語担当のO先生は、「読んだり、話したりする時の句読点は、とても大切である」と、仰って、以下のような電報文の例を示した。

　　　　　カネクレタノム

　当時は、現在のように電話がまだ十分普及していなかったので、長距離の緊急連絡はもっぱら電報だった。料金は、字数が多くなるにつれて高くなったので、できるだけ字数を減らすために、句読点は省略した。

　　　　　カネクレ/タノム

とすれば

　　親元を離れて暮らしている息子が、その月の生活費が不足し、親元に送金を頼んだ。

と、想像できる。ところが

　　　　　カネクレタ/ノム

とすれば

　　誰かがお金をくれたので、そのお金で酒を買って、飲んだ。

と、想像する。

との説明だった。しかしながら筆者は、後の例は「嘘」だと、見破った。なぜなら

　　高い電報料金を支払って、酒を飲んだことを親元へ連絡することはない。

と、考えたからである。

　クラスのI君が、句読点の位置を間違えたのは、国語の授業前の休み時間に走り回り、その余韻が残っていて、

慌てて読んだ結果だった。従って、Ｉ君が落ち着いて読めば、「５・７・５」に区切って読むことができたことは、間違いなかった。

　国語担当のＯ先生は、筆者の１、２年次と２度もホームルーム担任だった。定期考査の成績順位表をクラスの生徒に手渡す時には必ず、「全員席次が上がるように」と、仰った。筆者は心の中で、「誰かの成績順位が上がれば、誰かの成績順位は落ちるはず」と思い、可笑しかった。

　また定期考査を毎月されては堪らなかったので、偶数月あるいは奇数月のみ頑張るというように、筆者は手抜きをした。そのことが成績順位に表れ、成績順位表を渡される時、先生は少し苦笑いを浮かべた。

2. 高校英語教育

(1)「地方公務員法違反」による課外英語教育

　福岡県立N高校に勤務した11年間（1986年4月〜97年3月）は、1、2年生全員を対象とし、代金を徴収しての「早朝課外授業」が行われた。筆者が引き受けなければ、その分は、他の英語科教員が負担しなければならないことを聞き、引き受けざるをえなかった。
　しかしながら、退職後そのことを考えてみると、以下のようになった。

　　教育公務員特例法
　　（兼職）及び他の事業等の従事
　　第21条①
　　　教育公務員は、教育に関する他の職を兼ね、又は教育に関する他の事業若しくは事務に従事することが本務の遂行に支障がないと任命権者において認める場合には、給与を受け、又は受けないで、その職を兼ね、又その事業若しくは事務に従事することができる。

に違反していないとしても

全員強制して代金を徴収
↓
希望制による代金徴収

正課授業の担当者が担当
↓
正課授業以外の担当者が担当

にする必要はあるだろう。

　生徒の夏期及び冬期休暇期間中に、午前中に行われた課外授業（教員にとっては勤務時間中）の手当を、通常の報酬にプラスして、課外授業担当者が受け取る。筆者の在職中、このようなことは、県下の多くの普通高校で長年にわたって行われていた。そして、そのようなことは、全く問題にならなかった。
　これは明らかに

　　地方公務員法
　　第25条①
　　職員の給与は、前条第6項（職員の給与、勤務時間その他の勤務条件は、条例で定める。）の規定による給与に関する条例に基いて支給されなければならず、又、これに基づかずには、いかなる金銭又は有価物も職員に支給してはならない。

に違反しているだろう。

　生徒の夏期及び冬期休暇期間中に、課外授業担当者が勤務時間中に行う授業は、あくまで「補講」であり、対象の生徒は、「希望制」でなければならない。

　このことに関する筆者の考えは、朝日新聞（西部本社版）に随分前、以下のように掲載されている。

教育の場にも不正の構造が

　日本鉄道建設公団に始まる官庁や公社の不正事件が、毎日のように報道されている。金額こそ億に達するものではないが、教育の場である高校でも、教員の勤務時間内のアルバイト行為が、平然と行われる。

　例えば、生徒の夏・冬期休暇中や、放課後の勤務時間内に、教員が課外授業をし、給料にプラスして課外授業手当を受け取っている。また、業者の作成した模擬試験を、年間かなりの回数実施し、生徒達から徴収した受験料の一部を、教員が監督料、その他として受け取る。

　学校を離れては不可能な教員のアルバイトが、学校内では「保護者の要望で」という理由で正当化され、まかり通っている。これでは、受験体制の改善に、教員が努力するはずはない。「受験」という言葉を使っている限り、あらゆることは正当化される。アルバイ

トの収入を増やすために、生徒達が課外授業を受講することや、模擬試験を受けることを、必至に教員が勧めることは、うなずける。
1979年10月24日付朝日新聞（西部本社版）朝刊
《投稿欄》

これでも問題にならなかったということは

　　福岡県教育委員会と福岡県警察本部の
　「馴れ合いと堕落、そのうえ無責任で恥知らず」

としか、言いようがない。これで、「青少年の健全育成」に、どのように取り組むのだろうか。

　ついでに、法的な問題点を指摘する。

　北九州市門司区のJR門司駅から、大型食料品店「丸和」へ続く「柳中央通り」がある。この通りの真ん中は車道で、その両側に歩道があり、さらにその歩道に接して、小規模小売店舗が立ち並んでいる。
　そのひとつの花屋さんは、幾つもの生花鉢を長年、歩道に置きっ放し。そのために、大人2人がやっとすれ違うことができる位の、道幅になってしまっている。
　少し前、筆者は向うから来る年配の男性と、身体が「接触したかしなかった」か、くらいになった時があった。

しかしながら、その男性は筆者に向かって、「気をつけて歩け」と、怒鳴った。それ以来、その通りを歩いている時、向こうから白杖を持った視覚障害者、足取りがやや弱くなった年配の方とすれ違いそうな時、筆者は歩道の片隅に止まって、そのような方々が通り過ぎるのを、待つようにしている。

　また、「柳中央通り」から大型食料品店「とみやま」へ続く、「みずき通り」がある。この通りも同じように、真ん中は車道で、その両側に歩道があり、さらにこの歩道に接して、小規模小売店舗が立ち並んでいる。

　ここでは幾つもの小売店舗が、専用の台まで準備して、堂々と歩道に商品を並べる。そのために、買い物客は歩道を歩くことができず、車道を歩く。この車道には自家用車のみならず、タクシーも通っている。今まで、人と車の接触事故が起きたとは聞いていないが、実に危険な状態であることには、間違いない。

　筆者の住む地域を管轄する警察署は、数年に1度は、世帯主とその家族数の確認に来る。JR門司駅前を管轄する警察署が、巡視を行わないということは、考えられない。法律の専門家でもない筆者に、「道路交通法違反」ということが明らかなことが、放置されている。

（2）これでも管理職（？）

　福岡県教育委員会が任命した、「国際感覚ゼロ」と、「礼

儀ゼロ」の管理職を、見てみよう。

「国際感覚ゼロ」の管理職

　福岡県立K盲学校に勤務した1985年度、つくば万博見学の修学旅行で、生徒を引率した。

　メンバーは、高等部保健理療科の生徒1名とその担任。普通科の生徒2名と担任の筆者。団長として宮崎明教頭が加わり、6名での修学旅行だった。

　帰りの新幹線での座席は、横3座席に生徒3人。その後ろの横3座席は、なぜか宮崎教頭が窓側、真ん中と通路側の座席はアメリカ人夫妻（夫妻が持っていた手荷物に、ついていたものを見て）になり、その横の2座席の窓側が保健理療科の担任と、通路側が筆者になってしまった。

　その時までの経験から、おそらくそのアメリカ人夫妻から、話しかけられるのではないかという、予感がした。咄嗟に、夫妻に窓側と真ん中に座ってもらい、通路側の座席に筆者が座れば、夫妻から話しかけられた時、最大限説明ができると、考えた。

　それで教頭に、「席を代わってもらえませんか」と言った。ところが、「アイアム・ソーリー」というカタカナ語を発して、「席は代わらない」という返事だった。

　列車が静岡付近にさしかかった時、通路側に座っていたアメリカ人夫妻の妻の方が、窓の外を見て"tea"と言っ

たのが、筆者に聞こえた。それで、アメリカ人夫妻の方を向いて

Yes, tea farm. Next spring, new leaves will come out. Farmers pick them, then steam, air and change them into dried tea leaves.
(茶畑です。来春には新芽が出てきます。農家の方は新芽を摘み、蒸し、乾燥させて茶葉にします)

と言った。その時タイミングよく、車内販売が来た。「千円くらいで、静岡産の煎茶の小さい袋」があったので、夫妻にプレゼントすることにした。

This is a small gift from the man, who stayed in your country in the summer of 1975 and 76, and was given warm hospitality by his host families. After returning home, I hope you will try green tea.

All you have to do is put spoonful of tea leaves in the pot. Pour, not boiling water, but hot water and wait for a few minutes. Pour it into your cups and drink it straight .

Green tea contains a lot of vitamin C, so it is healthy drink. I like it very much and drink at least two cups between the meals every day. Whenever you drink green tea, I hope you will remember your stay in Japan.

(これは、1975年と76年の夏、アメリカ合衆国に滞

在し、受け入れ家庭から暖かいもてなしを受けた者からの、小さな贈り物です。帰国後、是非緑茶を飲んでみて下さい。

　急須に少量の茶葉を入れます。それから、暑い湯（沸騰している湯ではありません）を注ぎます。数分待ってから、湯飲みに注ぎます。

　緑茶はビタミンCを多く含む、健康飲料です。私は緑茶がとても好きで、食間に毎日少なくとも2杯は飲みます。緑茶を飲む時、日本での滞在を思い出して頂ければ、嬉しいです）

　途中、通路を行き来する乗客によって、何度も中断したが、ここまで説明ができた。

　話しの途中で、話題が夫妻の家族のことに移った。娘がいて、その娘は絵が得意だと言った。そして、いつも持ち歩いている小さいサイズの作品を、幾つか見せてくれた。煎茶の「お返し」かもしれないが、その中のひとつ、「花の水彩画」を、筆者は受けとった。思いがけなく、プレゼントの交換ができた。

　夫妻と別れる時は

　　　　　I enjoyed talking with you very much.
　　　　　　（話ができてよかったです）

と言って、筆者の心は晴ればれとしていた。それは、1975年の夏、アメリカ合衆国滞在中、「日本の義理とは何か」という質問を受けた時

In my case, if someone did something kind for me, I try to return it to other people.
(私の場合、もし誰かが親切にしてくれたら、次は私が他人に親切にしてあげること)

と言ったことを、実践できたからである。側で部下(筆者)の行動を終始聞いていた(おそらく見たくはなかっただろう)教頭の気持ちは、どのようだっただろうか。

「礼儀ゼロ」の管理職

福岡県立N高校勤務の時、学校行事として耐寒訓練(冬期に1週間、1限目の正課授業が始まる前の約1時間、男子生徒は柔道、女子生徒はランニングを行う)があった。当時筆者は、その意義を全く理解できなかった。なぜなら、生徒達は柔道やランニングの疲れが、1、2時限の正課授業時にでて、通常の授業形態が全くとれなかったからである。1994年度、生徒達を監督するため更衣中、安永稔教頭が筆者に向かって言ったことは

あなた(木本)の大学の専攻は独語ですか。

筆者は一瞬自分の耳を疑った。このようなことは、心の中で思っていても、口に出さないのが礼儀だろう。しかも、当人に向かって言ったのである。

筆者は、その時までに、福岡県教育センターで研修を受けた際、ALT の Mr. Charles Roberts から、「高校教員として英語を聞く・話す」ことに関しては、「合格」の評価を得ていた。
　日本語で書いた英語教育論では、顔写真入りで掲載されたものに

　　「高校英語教育は学習指導要領逸脱
　　　　　　なぜ他の外国語を学ぶ機会を与えぬ」
　　1980 年 3 月 9 日付朝日新聞（西部本社版）朝刊
　　　　　　　　　　　　　　　　　　　　《論壇》
　「無責任英語教育」
　旺文社『高校クラスルーム』1981 年 2・3 月号

があった。さらに、「英語直喩」の研究に関しては

　　『現代英語教育』（研究社）
　　1986 年 5 月号より 9 月号まで連載

　その他、全国に通用するレベルのものを幾つも発表していた。従って、教頭への返事は、小さな声で
　　　　　　　　「いいえ、英語です」
だけで、その後の言葉を失った。

　当時同じ職場の英語科教員は、ほとんど「有効期限当

I　日本英語教育悲史

日限りの教員」だった。「有効期限当日限り」と表現したのは

　大学受験のための教育指導では、正解はひとつ。指導者は学習者をそこへ導けばいいだけ。例えばAという教員がだめなら、Bという教員が担当すればいいし、Cという教員も担当できる。

　1人の英語科教員が教室へ行く時、持っているものを見て驚いたことがあった。出席簿、教科書それに板書用チョークのみだった。
　筆者が「講読」を担当する時は、出席簿、教科書それに板書用チョークのみならず、生徒達がその日学習する個所のモデルリーディグが聞けるように、頭出しした教科書付属のカセットテープをセットしたテープレコーダー。さらに英和中辞典は、絶対欠かせないものだった。いくら自信があっても、生徒達からの質問には、筆者は必ず辞書で確認してから、回答していた。
　ひとりでも異なる行動をする教員がいれば、「厭がらせ」をしたくなるのが、管理職らしい。

　毎年4月1日付主要新聞朝刊の「地方版の号外」には、県立学校の新任管理職が発表された。後になっても、一般の教員が、新任の管理職の研究業績や教育業績は、全く知ることができなかった。

筆者は
　　　　英語の世界では、地位や肩書きは、それを
　　　証明するものがなければ、通用しない。
と考える。従って

　　　　証明することができない地位や肩書きは
　　　　　　　　客観性がない
　　　　　　　　　　↓
　　　　　　客観性がない地位や肩書きは
　　　　　　　　信頼性がない
　　　　　　　　　　↓
　　　　　　信頼性がない地位や肩書きは
　　　　　　　　　価値がない
となる。
　Y氏は、筆者と同じ大学で英語を専攻し、このことを筆者と共有できる、数少ない若手英語科教員だった。「密室での私情による管理職の選考ではないかという疑念」を、拭い去ることができず、しかも当時は、教育委員会のメンバーも管理職も女性がいなかったので、筆者の呟いた
　　　男が男に好かれて、管理職に任命されるのか。
に
　　　先輩、それって、まるでホモ（homosexual「同性愛の」を意味する）の関係じゃないですか。

（3）「高校英語教育」に関する論争

　まず毎日新聞（西部本社版）朝刊に掲載された、筆者のものを見てみよう。

高校の英語教育について　興味を引く
〝動機〟づけが必要

　高校生はどのように、どれほど英語を勉強しているだろうか。大多数の生徒は、学校で週3～6時間の正課授業を受け、更に1～2時間の課外授業も行われている。家庭における学習時間を加えると、週10時間を越えるだろう。しかしながら、多くの高校生は英語を話せず、また書けないのではなかろうか。

　彼らのできることと言えば、辞書を使いながら、英語を日本語に直すこと、関係代名詞や前置詞をかっこの中に入れることではなかろうか。これは、言語としての英語からほど遠いものである。言語は、聞き、話し、読み、書かなければならない。

　学校の英語授業が面白い、興味があると思う高校生は、どれほどいるだろうか。おそらく極く少数だろう。その最大の原因は、文法偏重の訳読授業のためである。英語の授業は、数人の教員がそれぞれ異

なる教科書（講読、文法、作文）を使用し、言語活動とはほど遠い不定詞や動名詞の説明で、生徒達は退屈している。そこで聞き、話し、読み、書くのは、英語より日本語の方だろう。さらに悪いことは、英語の評価は、言語としての英語のテストから、ほど遠いものの結果である。

現在の教科書、市販の問題集を使い、音声を無視し、話す、書く英語を避ける現行の方法で行っては、いくら英語の単位数が増加しても、また課外授業を行っても、生徒の英語の4技能（聞く、話す、読む、書く）は、上達しないだろう。「生徒は勉強しない」と言う前に、英語科教員が自覚しなければならないことは、生徒達に対して、何をすべきかではなかろうか。

英語科教員ができることは、生徒達の前で自分の英語の力を示し、英語を学ぶ楽しさ、英語の勉強方法等を示すことのみである。英語科教員は、授業中、生徒達に忍耐を強制し、英語に対する興味を失わせているのが、現状ではなかろうか。

それ故に、まず英語の授業を改善しなければならないと思う。そのためには、どうしても英語を母国語とする人が必要になる。私はそれが、生徒達の英語学習への、最高の動機づけだと思う。なぜなら、外国語という特殊性のため、英語について日本人同士でいくら議論し、学習しても限度があり、興味が持てないためである。

Ⅰ　日本英語教育悲史

　しかしながら、現実は非常に厳しい。福岡県教育委員会には、英語教育担当指導主事助手として米国人がいるにもかかわらず、彼の学校訪問指導に同意しない校長がいる。また、近くの県立高校で勉強している米国からの交換留学生でさえ、招待できないのが、現状である。
　興味の持てない科目を、受験や進級という言葉で強制されても、生徒達は積極的に学習する気にはなれないだろう。日本語と全く異なる言語のひとつである英語の基礎を教えるのが、学校の英語教育である。それは、受験や進級に関係なく、生徒達の心の中に残る何かだろう。
　今後、ますます国際交流は盛んになる。貿易によって生きている日本人は、国際感覚を持ち、世界の人々と友好・相互理解を深めなければならない。そのためには、現在の高校英語教育は、改善されなければならない。新学習指導要領が、近い将来施行されるとか、生徒達が英語の勉強をしないということに関係なく、それは時代の要請である。
　　1979年3月6日付毎日新聞（西部本社版）朝刊
　　　　　　　　　　　　　　《編集者への手紙》

これに対し、英国エディンバラ市在住の主婦、千野和子さんから、以下のような反論があった。

文法力は会話上達の基礎
〝偏重〟まではいかぬ高校英語

　６日付の木本清さんの「高校の英語教育について」を興味深く拝読いたしました。ご指摘のように、日本人の英語力には「読む、書く」と「聞く、話す」力に大きな差があり、私も現地に来て二ヵ月、その点については痛感しております。しかし、しっかりした会話力をものにするには、いかに基礎となる文法が大事かということも、同時に痛感しております。

　木本さんの言われる「文法偏重の訳読」も決して会話力とは無関係でなく、ある程度高度な会話力を望むなら、少なくとも高校の文法くらいでは、偏重とまではいかぬと思います。かくいう私、ご批判の英語教育をもろに受けて来た一人であり、高校で習った文法、語彙、かなり覚えているつもりですが、それでも現地の新聞を理解するには辞書も必要。かなりの時間もエネルギーも必要です。新聞くらい読めるのを目標とするなら、決して現在の授業が文法偏重といえるほどのものではないと思うのです。

　もちろん、すべて四技能ができるにこしたことはありません。高校の授業時間は限られております。もし会話に同じ時間をさくなら、今の読解力のレベルが下がるのも避けられないでしょう。わずかな会話時間を設けて、結果的に中途半端な読解力に終わ

るのは考えものです。

　会話力というのは、読解力、文法力を基礎とし、その上に伸びてゆくものだと思います。<u>高校卒業時に、大して英会話ができなくてもよろしいではありませんか</u>。英語に特に興味のある人、必要な人が、高校までの基礎をもとにして、大学なり社会に出て、さらに会話の方へ進んで行っても、決して遅くはないと思います。中途半端な文法力では、ある程度の上達は望めても、議論とか説明などといった段階にまでは伸びないと思います。

　日本人が現地に来て、後半になって急速に会話力が伸びるといわれるのも、文法がいかに大事かという、いい例ではないでしょうか。

　外国人教師にも、それなりの長所があるわけですが、ただ英語がしゃべれるというだけでは困ります。現在、私も何人かの現地の教師に教えてもらっておりますが、彼らは意外と日本人より文法を知りません。遠い国から来てもらい、相当の賃金を出す以上、やはりわれわれの質問に答えてくれるだけのものは持ってほしいと思います。

　勉強とは、本来しんどいものだと思います。私たちが今日、日本の新聞が読めるのも、国語の時間に、それなりの勉強をしてきたからであり、彼らが英語を自由にあやつれるのも、英語という国語の時間の積み重ねの成果であり、決して英語の国に生まれ、

育っただけの結果ではないと思います。
　どんなにりっぱな英語教師でも、すべての高校生に英語に興味を持たせる――なんて、不可能だと思います。しかし、興味があるなしにかかわらず、彼らは将来、必要に迫られるかもしれません。その時、手段としての英語だけでくたびれ切った、なんてことのないよう、文法くらい、しっかり教えておき、辞書があれば何とかなるくらいまでにしておくことが、高校までの英語には、会話より大事なことではないでしょうか。会話は、勉学というより、技術ですから。　　　　　　　　　　　　　　　（下線筆者）

　筆者は、英語教育を職業としている方々との論争は、喜んでお受けしてきた。しかしながら、一般の方々とは、論争はしないことにしている。その理由は、「おそらく論点がかみ合わない」だろうと、予想するからである。
　例えば

　　高校卒業時に、大して英会話ができなくてもよろしいではありませんか。

と言ってしまえば、高校英語教育は成り立たない。英語教育の担当者には

　　学習指導要領に示されている英語の4技能（聞く、

話す、読む、書く）を、各学年次（1年次、2年次、3年次）の到達目標に向けて、一人でも多くの学習者が、それに到達できるよう手助けする。

ことが、求められるからである。従って、「外国語として英語を話す」ことについて、以下筆者の考えを、述べるに止める。

　英語を話す第1段階として、例えば海外旅行に出かけ、買い物をする時のことを予想する。品物の値段を尋ねる場合は

　　　　　　How much is it?

となる。

　あるいは、目的地へ行くために道順を尋ねる時は、幾つか考えられるが、そのうちのひとつとして

　　　　　Would you tell me the way to ~ ?

で充分だろう。この程度の英語表現を使う場合は、誰が用いても、発音のみならずイントネーションも、ほぼ変わらない。

　次の段階 ― 筆者は在職中の30年間、約10人のALT（Assistant Language Teacher の略で、県教育委員会に所属し、学校訪問して、生徒達の学習や教員研修の指導にあたる。後になって人数が増え、幾つかの高校にも常駐するようになった）とティーム・ティーチング（team teaching — 英語を母国語とするALTと、日本人英語科教員とで、協同して行う授業）を行った。

　時間的にははずれるが、現在の筆者が自己紹介をする場合、以下の内容と分量は準備する。

　Hello. My name is Kiyoshi Kimoto. I was born and brought up in Kitakyusyu.

　I majored in English at Kitakyusyu University. After graduating from the university, I taught high-school level English for 30 years. Public high school teachers' retiring age is 60, but I resigned at the age of 55 in order to author books. It took me about 17 years to complete nine books.

　In my everyday life, I enjoy reading and writing. I also enjoy seeing and talking with my grandchildren. Whenever I talk with them, they usually give me a wonderful time.

　I hope my grandchildren will inherit what their parents and grandparents say and do.

（今日は。木本清です。私は北九州で生まれ、育ちました。

　北九州大学で英語を専攻し、卒業後30年間、高校の英語科教員として勤務しました。公立高校に勤務する教員の定年は60歳ですが、私は著書を完成させるために、55歳で退職しました。17年かかりましたが、著書を9冊完成することができました。

　現在は、毎日の生活で、読書と書くことを楽しんで

います。また孫達と会って、話をするのも楽しみです。孫達は、私との対話を、ほんとうに楽しいものにしてくれます。

　孫達が、両親や祖父母の言動を、引き継いでくれたらいいと思います)

　さらに次の段階――同じ ALT と複数回会う時の準備。福岡県立 D 高校に勤務した時、ALT の Mr. Charles Roberts とは、何度もティーム・ティーチングを行った。

　いつものように、筆者が授業の始めに英語で簡単に挨拶をし、その後 ALT にも簡単に挨拶をしてもらった。そして生徒達からの質問を受けた。

　ある時、1 年間アメリカ合衆国での留学経験のある女子生徒が

　　　　What do you think about Japanese education?
　　　(日本の教育についてどう思いますか)
と、質問した。

　筆者はこの質問を聞いた時、「しまった」と、思った。なぜなら、そのような質問は内容が大きすぎて、回答に困るからである。

　すると Mr. Roberts は、すかさず

　　　　What do YOU think about Japanese education?
と、逆に質問した。その女子生徒は全く準備をしていなかったらしく、答えられなかった。そのため筆者は

You must have visited several high schools so far. Would you mind telling us some of your impressions?
（今まで学校訪問指導した時の印象を、話してもらえますか）

と言って、内容を少し転換した。彼の回答は

　　高校で制服が義務づけられているのは、少数の私立高校だと思う。自分（Mr. Roberts）の通学した高校では、生徒達はとても個性的で、中には髪を緑色に染めていた女子生徒もいた。今までに訪問した高校では、とても「"rigid"— 固苦しい」という印象を持っている。

だったと、記憶している。
　このことから筆者は

　　英語による会話の相手が複数回に及ぶ時は、話題に関しては、「必ず自分の考えや意見を準備しておくこと」

を学んだ。
　それまでは、ほぼ毎日夕方７時までに帰宅し

　　NHKの『ニュース７』を英語で聞く。理解できな

い単語、熟語、構文は発音記号を用いてメモし、夕食後調べる。

を実行していた。その後は更に

　我が国の直面している問題を理解し、更には自分なりの解決策を考える。日曜日はCNN（CS放送）の『Larry King Live』を聞き、アメリカ合衆国の直面している問題を理解し、これも自分なりの解決策を考える。そして、英語で表現できる努力をする。

を加えた。
　以上のことから、筆者が英語を話す（書く）際に、基本になることは

①他人に伝えたい内容を持つこと
↓
②そのことを日本語でまとめる
（勿論、この過程が必要ない方もおられる）
↓
③それまでに手本となった
（英語を母国語とする方々が用いていた）単語、熟語、構文を使って、英文を組み立てる。

となる。

ついでに、英語を話すために、参考になることをつけ加える。

　　　　①英語の学力 ＋ 実践

　1986年度、福岡県立 N 高校でのティーム・ティーチングの ALT は、Ms. Amy Absher。彼女は近くの高校に常駐していたので、ティーム・ティーチングは、1時限から始めた。
　朝、彼女が職員室に来るまで、挨拶は

　　1) おはようございます。
　　2) Good morning.
　　3) Good morning, Ms. Absher.
　　4) Good morning, Amy.

があった。2) の "Good morning." だけでも文法的には正しいが、3) あるいは 4) のように、通常は、挨拶をする相手の名前をつけるらしい。このようなことは、「実践」以外学ぶことはできない。

　　　　②英語の学力 ＋ 礼儀作法

　1976年度に参加した「夏期アメリカ合衆国における研修講座」に、「ホームステイ」が含まれていた。サウ

I 日本英語教育悲史

スカロライナ(South Carolina)州コロンビア(Columbia)での筆者の受け入れ家庭は、Alfred & Bobbie du Moulin夫妻だった。

　滞在中のある夕方、レストランで食事中、最後のデザートになった。ウエイターは、ワゴンにあった幾つかのケーキについて、説明をした。しかしながら、筆者はほとんど理解できなかった。そのうちのひとつを選び、口にした。ところが、その時までに、食べたことのなかった味だった。

　筆者の顔を見て、Mrs. du Moulinは
　　　　　　You don't like it, do you?
　　　　　（口に合わないのでしょう）
と、言った。

　咄嗟に筆者は頭の中で

　　付加疑問文でも、答が肯定の場合は "yes"、否定の場合は "no" となるが、礼儀作法から、"no" とは言えない。

従って
　　　　　　Yes, I do.
　　　　　（いいえ、大丈夫です）
と、言った。
　後でこのことについて、よく考え
　　　　　　No, I don't.

　　　　　（はい、口に合いません）
と、言わなくてよかったことを、実感した。

3. 大学英語教育
これでも大学教授（？）

（1）

「中学校英語・週3時間」に関する論争

　中学校の英語教育は、「週5時間」でなければできないと、ダダをこねた（？）若林俊輔東京外国語大学教授（当時）と、隈部直光大妻女子大学教授（当時）。

　1980年代に入り、中学校英語は「週3時間体制」へ移行した。友人のY君が、O先生から受けた体罰を見た中学校時代の経験から（本書「I.日本英語教育悲史、1.中学校英語教育」参照）、筆者は
　　　　中学校英語・週5時間
　　　　　　　　↓
　　　　中学校英語・週3時間
を、理想とする外国語教育

　中・高校生が自分の意思で選択・履修できる
　　　　　　　　　　　　　外国語教育

への第一歩と考えた。そのことを毎日新聞(西部本社版)

に投稿したものが、掲載された。

中学校英語、週3時間で十分
〝量〟より〝質〟の改善こそ問題

　最近、本紙には中学校英語・週3時間に反対する記事が、しばしば掲載される。そこで英語科教員の一人として、中学校英語・週3時間が高校入試や外国語としての英語学習に、直接影響を及ぼすものでないことを論じ、福岡県教職員組合教研集会での報告に、反論する。

　まず中学校用英語教科書は、週3時間で十分こなせるものになっている。例えば、東京書籍発行の教科書『ニューホライズン』における「レッスン」の数は、1年用15、2年用12、3年用10である。これは年間実質授業期間を9カ月としても、十分消化しきれる分量であることがうなずける。

　中学校用英語教科書は、文部省の学習指導要領に沿って編集され、高校入試は教科書を基準にして出題される。従って、教科書をよく理解していれば、十分ということになる。

　もし英語の読解力を試す長文が入試に出題される時には、単語、熟語が不足することがある。その際は難しいものを抜き出し、日本語の意味を加えるようなことが、福岡県では行われている。

私が中学生のころ、英語の授業は週5時間行われていた。そして、現在高校生が学ぶ仮定法などが教科書に現れ、高校入試にも出題された。しかしながら、今の中学生はそのようなことを学習しないから、当然入試から除外されるはずである。

　以上の説明で、入試問題のレベルダウンは避けられないとしても、中学校英語・週3時間が生徒達にとって、入試の際不利になるなどとは、言えないだろう。

　次に外国語としての英語学習という観点から考えてみると、これも別に支障はなさそうである。なぜなら学校は、英語の基礎を教えればよいのであって、後は各人の創意、工夫によらなければならない。

　それ故に、英語・週3時間がどうしても不安であれば、ラジオ、テレビ英語講座の利用を勧める。ラジオ、テレビ英語講座は、1回の時間は短いが、毎日実行すれば相当効果的なものであり、やる気さえあれば、勉強はできるものである。

　中学校英語・週3時間は何ら驚くことでもなく、当然の成り行きではなかろうか。町に氾濫する英語学校等を見れば、学校英語教育は、社会からいかに信頼されていないかは、明らかである。その一原因として、英語科教員の怠慢は大きなものだろう。

　学校英語教育の改善が叫ばれ始めて随分久しいが、この間どれほど多くの英語科教員が、それに向けて努力しただろうか。また教育委員会に所属するアメ

リカ人が、学校訪問して生徒達に英語学習の指導をすることに、どれほどの英語科教員が賛同しただろうか。このような質的改善を疎かにして、量的なことだけ問題にするのは、全く矛盾している。

　中学校英語時間削減がもたらすのは、英語科教員の定数削減だろう。それを恐れるために、あたかも、中学生の高校入試に影響するがごとき問題点のすりかえは、滑稽である。

1981年12月19日付毎日新聞（西部本社版）朝刊
《編集者への手紙》

これに対して、以下のような、東京外国語大学英語教育学専攻の若林俊輔教授の反論が、掲載された。

英語教育をつぶすのか
週三時間は"切り捨て"の体制

　12月19日の本欄の「中学校英語、週三時間で十分」と題する木本清氏の論を読んだ。そして、これにはどうしても反論する必要があると思った。それは、教育にたずさわる者の基本的姿勢にかかわる内容だからである。

　それは「やる気さえあれば勉強できるものである」とする氏の意見である。私は、小中学校は「やる気」を起こさせる所であると考えている。丁寧にきちんと

教えれば、生徒は確実にやる気を起こす。これは、高校や大学でも原則的にはそれほど変わりない。生徒にやる気があるかないかを、教師が問題にするということには、私はどうしても反論せざるを得ない。そして、中学校英語は、現状では週三時間ではやる気を起こさせるようにすることが不可能なのである。その理由を次に述べる。

　木本氏は「中学校用英語教科書は週三時間で十分こなせるものになっている」という。文部省も同じようなことをいっている。私はこれが納得できない。なぜならば、私は中学校用英語教科書の代表著作者として、学習指導要領が要求する内容を週三時間のワクの中に収めるために悪戦苦闘をくり返し、結局「不可能」という結論に追い込まれた苦々しい経験があるからである。

　週三時間体制は「切り捨て」の体制である。「ワカルやつはワカル、ワカラナイやつにはワカラナイ」という考え方がその根本にある。わかりたいと思いながら、なかなかわからない。そのわからない生徒がわかるようにすることが教育であるのに、わからない生徒をわからないままに置き去りにする体制である。

　木本氏のいう「英語教員の努力」について一言。これは正論である。英語教師の質は変わらなければならない。しかし、英語教師が自らの質を改善するための条件整備がどれほど行われてきたか。学習指導要領を

中心とする教育行政は、天才的な教師ならばともかく、並みの教師には到底扱いきれないほどの量を押しつけ、<u>自己研修</u>はままならず、英語教育は「効果があがらない」と非難されっぱなしである。<u>私は、これを、英語教育をつぶすための、巧みに仕組まれたワナであると考える。</u>

最後に、<u>質の問題と量の問題を混同したり、すりかえたりする議論は正当ではない</u>ということを指摘しておきたい。<u>英語教育自体の質がどう変わろうと、週三時間では、英語教育の基礎は成立しないのである。</u>

ここまでは、拙著『なぜ学校の英語教育はだめなのか』(1999年3月鳥影社刊)に掲載している。しかしながら、筆者の若林教授への反論は、発表する機会がなかったので、以下番号順に反論する。

❶「やる気さえあれば勉強はできるものである」とする氏（木本）の意見である。

　筆者は
　　　　やる気がなければ → 勉強はできない
と、考える。

❷　私（若林教授）は、小中学校は「やる気」を起こさせる所であると考えている。丁寧にきちんと教えれ

ば、生徒は確実にやる気を起こす、これは、高校や大学でも原則的にはそれほど変わりない。

　このようなことを、高校生に言えば、「嘲笑のまと」。ある高校で、1学期の中間考査が終わった直後、「数学Ⅰ」担当の教員が1年生のあるクラスで、「次の期末考査は、全員が100点を取るように」と言って、何人もの生徒が笑ったと、聞いたことがある。

　今中学生が100人いるとする。この中で「コミュニケーションの手段としての英語学習」を目指すのはせいぜい10人。我が国の高校進学率は約95％。従って高校へ進学希望のない5人を除くと、残りは85人。この85人の英語学習目的は、「高校入試」のためである。

　県立高校の入試科目は英語の他、国語、社会科、数学、理科がある（福岡県の場合）。合否は総合点で決まるので、もし英語以外の教科が得意であれば、そちらに重点を置く。

❸　生徒にやる気があるかないかを、教師が問題にするということには、私はどうしても反論せざるを得ない。

　自分のホームルーム所属の生徒が、定期考査の成績がよくないと、科目担当教員に、例えば「A君は授業中ヤ

ル気がありますか。寝ていませんか」と、尋ねる。このようなことは、高校の職員室で、ホームルーム担任はしばしば行う。

❹　中学校英語は、現状では週3時間ではやる気を起こさせるようにすることが不可能なのである。

中学校英語・週3時間
↓
やる気を起こさせるようにすることが不可能

中学校英語週・5時間
↓
やる気を起こさせるようにすることが可能

論理的根拠なし。

❺　木本氏は「中学校用英語教科書は週3時間で十分こなせるものになっている」という。文部省も同じようなことをいっている。私はこれが納得できない。

若林教授は、「今まで週5時間で行われてきた内容量を、そのまま週3時間で実施する」と、お考え（？）のようだが、そうではないことを、図示する。

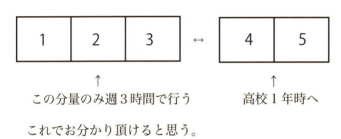

これでお分かり頂けると思う。

❻　私（若林教授）は中学校用英語教科書の代表著作者として、学習指導要領が要求する内容を週3時間のワクの中に収めるために悪戦苦闘をくり返し、結局「不可能」という結論に追い込まれた苦々しい経験があるからである。

中学校英語・週3時間用教科書で、当時の文部省検定済の教科書は複数あった。自分のできなかったことを他人に転嫁する、教育者としてあるまじきこと。

❼　週3時間体制は「切り捨て」の体制である。

中学校英語・週3時間

↓
「切り捨て」の体制

中学校英語・週5時間
↓
「切り捨て」の体制ではない

❹と同様。論理的根拠なし。

❽ 「ワカルやつはワカル、ワカラナイやつにはワカラナイ」という考え方がその根本にある。

　筆者の「中学校英語・週3時間で十分　量より質の改善こそ問題」の中には、「ワカルやつはワカル、ワカラナイやつにはワカラナイ」という個所はない。自分の立場を有利にするために、ないことをあることのようにすり違える悪質な手法。「ワカルやつはワカル、ワカラナイやつにはワカラナイ」というのは、他ならぬ若林教授の考え方では（？）。

❾ わかりたいと思いながら、なかなかわからない。そのわからない生徒がわかるようにすることが教育であるのに、わからない生徒をわからないまま置き去りにする体制である。

I 日本英語教育悲史

1人の教員は数十人の学習者を相手にしている。学習者ひとりひとりに、「わかりたいと思いながら、なかなかわからない」のかを、確認せよと言うのだろうか。筆者の経験をあげてみよう。

中学校の数学で、一次方程式が教科書にでてきた時、筆者はすぐに理解できなかった。それで数学担当の先生のところへ行き、質問した、先生は、2〜3日後もう一度来るようにと、仰った。

数日後、再度職員室の先生のところへ行った。先生は準備されていたものを、取り出した。それは、20センチ平方位の白い厚紙に、表は黒く太くプラスの記号をつけた数字。その裏には赤く太くマイナスの記号をつけた同じ数字が書かれていた。もう一枚も同じように、表に文字を含む項を黒く太くプラスの記号をつけたもの。裏には、赤く太くマイナスの記号をつけた同じ文字を含む項が、書かれていた。

先生は等号を境に、右辺にあった赤く太く書かれていた文字を含む項を左辺に移動する時は、厚紙を裏返しにし、マイナス記号がプラス記号に変わることを示した。同じように、左辺にあった赤く太く書かれていた数字の厚紙を裏返しにし、右辺に移動させ、マイナス記号がプラス記号に変わることを示した。

先生はまた、逆の動作も行った（左辺にあった黒く太く書かれていた文字を含む項を、右辺に移動する時は、厚紙を裏返しにし、プラス記号がマイナス記号に変わる

55

ことを示した。同じように、右辺にあった黒く太く書かれていた数字の厚紙を裏返しにし、左辺に移動させ、プラス記号がマイナス記号に変わることを、示した)。

　これを見て、筆者はすぐに理解できた。高校生ともなれば、分からないところは、自分で参考書を使って勉強することができる。しかしながら、中学生の段階では、「理解できない時は、担当の先生に質問する」と、生徒達に告げる方が、教育的である。

　中学生もやがては社会に出る。職場で「ワカラナイことがあれば、そのように意思表示」をしなければ、誰も助けてはくれない。野生動物は餌を捕ることができなくなれば、もはや「死」しかない。人間は理性を持つ動物だから、そのように極端ではない。しかしながら、中学生に「生きる基本を教えること」は、大切なことである。

❿　英語教師が自らの質を改善するための条件整備がどれほど行われてきたか。

　勤務している教育機関が、満足するような備品や設備を提供してくれることは、まず期待できない。学習者に提供する自分の教授内容を、充実させようとするならば、できる範囲の個人負担は、やむを得ない。

　筆者は大学２年時より、英文タイプライターを使い始めた。従って、これ以降、英文を手書きしたことはない。教員になって最初の４年間は、そのまま手動の英

文タイプライターを、使った。

　3番目に勤務した福岡県立W高校では、当時としては、かなり上等な英文タイプライターがあった。授業に使うプリントや考査問題は、それを使って作成した。

　4番目に勤務した福岡県立D高校では、英文タイプライターもなかった。それで思い切って、電動の英文タイプライターに加えて、和文タイプライターも購入した。当時の金額で約20万円ほどだったが、自己負担した。これで、授業に使うプリントのみならず、考査問題の作成にも手書きの部分が全くなくなり、学習者にとって、読み易くなったと思う。

　1988年度には、ワープロを購入し、英和文両タイプライターを使用するより、はるかに容易に、教材準備ができるようになった。

　教材に関しても同様である。学年当初はどうしても、年間を通しての計画立案は難しい。

　1987年度に担当した講読の教科書には、チャールズ・チャップリン（"Charles Chaplin"）作（1952年）の『ライム・ライト（"Limelight"）』があった。当時はVHSカセットビデオテープを、レンタルで利用できる時代だった。勤務していた高校の近くにあった、「ビデオ・レンタルショップ」に行き、探したがなかった。

　それで思い切って自己負担をし、レーザーディスク（Laserdisk）で『ライム・ライト』を購入し（当時の金額で8,800円）、生徒達に鑑賞の機会を提供した。

ところが、生徒達から聞いたのか、同じ学年で同じ学科を担当する女性教員が、筆者が個人負担で購入したレーザーディスクを、借りにきた。貸さないわけにもいかないと思って貸し、数日後その女性教員から、返却してもらった。

　彼女は、自己負担額ゼロの、「ありがとうございました」という言葉だけで、筆者と同じ教材を学習者に提供した。世渡りの上手な人は、負担額ゼロで、個人負担をしたのと同じ効果を得ることができるのだと、感心した。

　筆者は、また以下のようなことも、自己負担した。

　30年間在職中、約10人のALTとティーム・ティーチングを行った。その時は昼食代のみならず、休憩時間の飲み物代なども、自己負担した。

　勤務先の近くに、昼食に適当なところがあれば、そこを利用した。もしない場合、インスタントコーヒー瓶の一番小さなもの、それに携帯用の砂糖とミルクは自宅から準備した。そして、通勤の途中で大抵2～3種類のサンドイッチを買って、ALTと昼食時の会話を楽しんだ。それによって、意外な情報を得ることができた。

　例えばある時

　　多くのアメリカ人は、ファストフード（fast food）を利用しているという印象を与えがちだが、時間的に余裕のある人や、年金生活者の中には、結構スローフード（slow food）を利用している人々もいる。

と、言ってその話になった。
　例えば、客の前でサンドイッチを作ってくれる店のカウンターに行くと

　　①パンは白いパン（white bread ）にするか
　　　　茶色のパン（rye bread ）にするか
　　②塗るのは何か → 例えばバター
　　③はさむものは → 例えばハムとレタス
　　④真横に切るか、それとも斜めに切るか
　　⑤そのまま食べるか、トーストにするか

以上のようなことを客に聞きながら、サンドイッチを作ってくれるらしかった。このような情報を得ることは、通常難しい。

❶❶　自己研修はままならず、……

　人はどれほどの収入があって、生活をすれば、「充分」と言えるのだろうか。「勤務している教育機関が、満足するような備品や設備を提供してくれることは、まず期待できない」と同様、「教師が自らの質を改善するための自己研修は、与えられるものではなく、自分の努力」でしか、解決の道はない。

「自己研修はままならず」→ 他への責任転嫁
　　　　　　　↓
　　「自己研修はままになる」← 自分自身の創意・工夫

になることを、筆者は大学生の時に経験している。
　大学3年次、卒業後は教職関係の仕事に就くことを決めた。そのためには、英語で
　　1) 人前で、スピーチのレベルに達しなくとも、1〜2分間挨拶ができる。
　　2) 自分の考えや意見を、エッセイぐらいの長さで書くことができる。
必要性を感じた、しかしながら、大学のカリキュラムには、そのような講義ははなかった。必修科目の「英作文」でも、選択科目の「作文会話」でも、例えば
　　　　彼は大学で英語を専攻している。

　　　　He majors in English at ~.
というように、ひとつの日本文を英語に変える練習だけだった。
　筆者としては、例えば「大学卒業後の計画」のようなものを、英文でまとめ、クラスで発表するような内容の講義を、希望していた。
　大学卒業と同時に、幸いにも、高校英語科教員として仕事を始めることができた。それで、5年計画で「英語で1〜2分間の挨拶とエッセイ」の、自己研修計画を

立てた。
　まず、「英語で話す」手本になるものとして
　　　　トミー植松著『英語1分間スピーチ』
　　　　　　　　　　　　　　　(ジャパンタイムズ刊)
をカセットテープと共に購入した。その後は、内容が少しずつ上がるものを、数冊加えた。
　次に「英語を書く」手本になるものとして、原書房から時事英語関係研究図書として出版されているものを、参考にした。何冊も購入したが
　　　　城谷黙著『東は東・西は西』
は、内容も面白く、楽しみながら参考にすることができた。
　このように、筆者の「英語を話す・書く」ことに関しては、全くの「独学」である、それでもALTとのティーム・ティーチングの際、授業の始めに英語で挨拶をした。授業の後で、それに関するコメントを聞くと、大抵は「ない」ということだった。
　同様に、英文でエッセイを書いて、訂正を頼むと、「preference—(好み)の問題だろう」と言って、あまり訂正されなかった。
　このような経験から

　　我が国の高校・大学の入試で求められているような、細かな文法の規則など、英語を母国語とする人にとっては、大した問題ではないようだった。それ

より、話したり、書いたりする時に、どのようなことを伝えるかの方に、重点を置いている。

というのが、筆者の印象だった。

　筆者の在職中は、まだ土曜日が休日になっていなかった。高校の教員は、月〜金曜日は、通常生徒が受ける授業時数6の半分の3時間、正課授業を受け持つ。残りの3時間は、授業の準備、ホームルーム担任の時は生徒指導の準備、更には校務分掌（学校運営のため分担してする仕事）を行う。土曜日の場合、生徒が受ける授業時数4の半分の2時間を、同様な仕事内容にあてる。筆者の場合、さらに週2〜3回の課外授業が加わる。

　以上が通常の日における筆者の日課。生徒の夏期、冬期休暇中は、課外授業の担当を免れることはできない。従って、それらが終わった後、例えば数時間連続して集中できる、読書にあてる。

　このように、研修のためには極めて悪条件であったが、在職30年間で、著書9冊を出版できる資料を、集めることができた。

　若林教授は大学の英語教育担当者。大学教授は高校教員より、はるかに良い研修条件に恵まれていると、聞いている（講義は週3日で、残りの日は研修にあてることができるらしい）。是非若林教授の研究業績を、拝見したいものである。

❿ 私（若林教授）は、これを、英語教育をつぶすための、巧みに仕組まれたワナであると考える。

　英語教育者としての錯覚では（？）。この世には、「需要と供給の関係」が存在する。即ち「需要があれば、供給が必要になる」。「外国語教育のなかの英語教育は、つぶれることはない」と、筆者は考える。以下その理由をあげる。

　本書執筆中、中近東、特にシリアや北アフリカの国々では、内戦や政情不安で国を脱出し、船でギリシャやイタリアに向かう難民のことが、ニュースで報道された。そのような人々と、ギリシャやイタリアの沿岸警備隊（coast guard）との交信は、「ギリシャ語やイタリア語ではなく英語」だった。

　話は少しそれるが、シリアや北アフリカなどから、ヨーロッパへ向かう人達が、マスコミ関係者に話す内容は、故国の悲惨な状態や、目指すヨーロッパの国での将来の夢など。その英語は、筆者には漸く理解できるレベル。それでも、生きるための英語（Survival English）である。

　これと対照的なのが、我が国における英語教育。どれ程多くの中学生や高校生が、入試のための英語に時間と費用をかけているだろうか。そして入試が終われば、「何の役にも立たないもの」になるのではなかろうか。

　「何の役にも立たないもの」と表現したのは、入試の英語は、出題者の問いに、筆記用具を用いて回答するだ

けの、「単方向」作業だからである。シリアや北アフリカなどから、ヨーロッパへ向かう人達は、訛りのある英語を話す。しかしながら、「単方向」ではなく「双方向」である。即ち、相手が「聞き、話せば」、こちらも「聞き、話す」。これは「コミュニケーションの手段としての英語」の理に、かなっている。

「コミュニケーションの手段としての英語」の理に反する、我が国の「入試英語教育」は、現在の筆者なら「恥ずかしくて」、できない。

話を元に戻し、ヨーロッパにおける「英語の重要性」を、見てみよう。

　　EU（ヨーロッパ連合）の各部門の責任者が行う記者会見で、使用されるのは「英語」。

で、明らかである。

それに加えてアメリカ合衆国、イギリスの世界における影響力を考えるならば

　　　　需要→外国語としての英語が必要
　　　　　　　　↓
　　　供給→外国語としての英語教育も必要

となる。

❸ 質の問題と量の問題を混同したり、すりかえたりする議論は正当ではないということを指摘しておきたい。

筆者は
「質の問題と量の問題を混同したり、すりかえたりしていない」→❺を参照。

「質の問題と量の問題を混同したり、すりかえたりしている」
のは、ズバリ若林教授。

⓮ 英語教育自体の質がどう変わろうと、週３時間では、英語教育の基礎は成立しないのである。

最後に、若林教授の正体が暴露された。そこにあるのは、「中学校の英語教育は週５時間という既得権の死守」。これは、筆者の住む現在の環境と類似点がある。

筆者の住む山村と漁村との間に位置する農村では、中学生の数は減ったが、英語学習は、依然として「高校入試」のためであることに、変わりない。

変わったのは、稲作用水田の管理をする人。休耕田の隣り合わせの水田で、田植え、除草、農薬散布、収穫などを行っているのは、農耕用機械を使って、１人で作業する年配の農家の方（男性）。後継者がいないにもかか

わらず(息子や娘は農業とは関係のない職業に就いている)、補助金を受け取りながら、土地は手放さなかった(土地を持たないが、農業を希望する人々の参入を拒んだ)。若林教授との共通点は

「既得権への固執」

　以上で、若林教授の反論の内容は

❹、❼、⓭、⓮ → 非論理的
❷、⓬ → 非現実的
❽ → 非客観的
❾ → 非教育的

であることは、免れない。
　さらに筆者の、「週3時間の強制に反対する請願書の趣旨に反論する」が、月刊誌『英語教育』(大修館書店)に掲載された。

「週三時間の強制に反対する請願書の趣旨」に反論する

　教育課程の改訂により、全国的に公立中学校の英語が週3時間になることに対して、「中学校英語・週三時間に反対する会」が、著名な英語教育者多数(代表幹事隈部直光大妻女子大学教授)によって設立された。

しかしながら、その会の、「中学校英語・週三時間の強制に反対する請願書の趣旨」は、私にとって全く理解できないものである。

趣旨の第1は

国際化時代といわれている今日、世界に生きる日本人の国民教育としての英語教育の重要性は改めて言うまでもありません。ところが、今年度から全国の公立中学校では英語の授業時数が一律に、しかも強制的に、週三時間に減らされました。これは時代の流れに逆行するものです。

現在日本と外国との関わり合いは、従来のように対米一辺倒ではなく、多くの国々との円滑な関係が求められる時代だろう。国連の加盟国は150を越え、その諸機関で使用されている言語を見れば、英語だけでないことは明らかである。

英語教育が我が国の中学校外国語教育を独占し、そのうえ多くの時間をあてることこそ、時代に逆行するのではなかろうか。国際化時代の外国語教育は、外国語という教科及びその科目を選択制にし、各人の能力、興味、必要度に応じ、しかも卒業に要する単位から除外して行うことだろう。英語教育は、あくまで外国語教育の一分野でなければならない。

趣旨の第2は

外国語学習ではじっくり時間をかけ、丁寧に繰り返すことが必要です。現在でも「落ちこぼれ」や「勉強嫌い」が問題となっていますが、週三時間になり、この傾向が一層助長されております。教師にも無理が生じ、学習効果が著しく低下します。

中学生が学習する教科の中で、「時間をかけないで、丁寧に繰り返す必要のない」ものがあるだろうか。
「文部省中学校学習指導要領」によれば、外国語は選択教科であり、中学校1年時における週あたりの標準時数で3時間を越えるのは、国語と社会科のみである。それ以外の教科は全て無理が生じ、学習効果が上がらないのだろうか。

趣旨の第3は

週三時間では英語を丁寧に教えられなくなり、その結果塾や家庭教師に頼る生徒の数が増えています。生徒の英語の学力の差は、授業の中だけでなく、家庭の経済状況によって拡大されることになり、これでは国民教育としての英語教育が、一部恵まれた家庭の生徒たちだけのものになってしまいます。これはまさに重大な社会問題です。

学校で習う以外に中学生が英語を勉強することを、

なぜ即、塾や家庭教師に結びつけなければならないのだろうか。英語担当の先生から指示を仰ぐことは不可能だろうか。またラジオ、テレビ、テープレコーダー等の視聴覚機器がこれほど発達した時代に育つ中学生は、それらを英語学習に利用することはできないだろうか。

学校で教えるのは基礎のみであり、それ以外は自分で勉強しなければならない。

私は盲学校で高等部と中学部1クラスの英語を担当している。中学部は週4時間、生徒は5名である。

生徒が視覚障害を持つということで丁寧に、そのうえ過去勤務した学校に比べると、文法事項の説明や練習問題に約2倍くらいの時間をかける。それにもかかわらずわずか5名の中でさえ、テストのたびに満点近い点数をとる生徒と、英単語の日本語訳が、1〜2しかできない生徒がいる。

成績のよい生徒はよく質問する。そして、学習指導要領に示されている以上の知識を、持っている。従って英語が週5〜6時間になり、学習する内容が増えても問題はない。ところが成績がよくない生徒にとっては、英語は週2時間でさえも大きな負担だろう。しかも英語を必要としない高等部のコースに進学するとなれば、英語を学習する動機づけは難しい。

多種多様な中学生に外国語として英語を強制するならば、週あたり授業日数6日の半分を対象とする、

週3時間ということにならざるをえない。
　　　　　『英語教育』(大修館書店) 1982 年 5 月号

　これに対し、「中学校英語週三時間に反対する会」代表幹事である、隈部直光大妻女子大学教授より、以下のような反論があった。

　木本清氏「週三時間強制反対に反論する」
　　　　　　（本誌 5 月号）に反論する

　木本清氏の「週三時間強制反対に反論する」に反論したい。氏は、よほど英語の授業時数削減にご賛成のようで、昨年 11 月 19 日の『毎日新聞』の「編集者への手紙」で授業時数削減賛成論を述べ、本年 1 月 13 日の、同紙における若林俊輔氏の反論にもかかわらず、本誌に記事をのせておられる。
　木本氏は、反論理由の第一として、外国語のうち、英語のみをとりあげることに反対している。これに対しては、一部はその通りであると答えざるをえない。私個人の意見でもあり、改善懇のアピール・要望書にもある通り、本来は「外国語」を教えることを大切にしたい。ただし、現在の世界の情勢、日本語と適当に違っている英語の性質、そして何よりも、外国語として中学・高校で教えられる教師の数から考えれば、英語は「外国語」のうちでも筆頭に位置しよう。しかし、

地域の特性により、適切な指導者が得られれば、当然他の外国語がとりあげられても不思議ではない。ただし、指導要領にも、「外国語（英語）」となっている科目で、ほとんど英語のみが教えられている現状で、英語の教師が「もっと英語以外の外国語を教える機会を設けてほしい」と運動するまでもなかろう。また「外国語（英語）」の時間数……としては、請願運動のタイトルとして、あまりに長たらしい。「英語」で統一したほうが、一般にはよく理解されるだろうと考えたものである。

　木本氏の反論理由第二は、他教科に比べて、英語だけ３時間は無理とする理由がない点である。これは、英語を専門としない人、特に文部省の行政指導の担当官がよく挙げられることである。他教科のほとんどは、小学校から学習していて、中学１年から始めるのは英語ぐらいであること、その英語は外国語という「ことば」の学習の特殊性から、初歩段階で、ある程度多くの時間をかけないと、学習効果が上がらないのは勿論、生徒に外国語を学ぶ喜びや意義を実感させられない。３時間はおろか、中学１年次は５、６時間はかけたい。かっては、中学初歩段階でこれくらいの時間をかけた時代もあった。その後教科目が増え、教科間で時間のブンどり合戦が行われ、減らされっ放しで現状に至っている。このままでは、３時間はおろか、２時間、１時間、ひいては０時間になりかねない勢いであ

る。今まで外国語（英語）は、この傾向に全く無抵抗であった。他教科は、時間獲得のために、教師・業者一体で猛運動をしてきた。無抵抗だったからこそ、甘く見られて時間を減らされた。今回の時間削減率も、外国語（英語）は断然率が高いのである。

　木本氏が反論理由第三で挙げられていることが、氏が最も力を入れておられることであろう。何故なら、前回の毎日新聞以来、氏が変わらず説いていることであるからである。要するに、デキない（したがってヤル気のない）ものは、4時間かけてもダメだ。2時間でも負担だ。そういうのは切り捨てて、英語なんかやらせなくてもいいという論である。

　前述の毎日新聞紙上で若林氏が反論しているように、私も、この論点には強く反論したい。4時間かけて分からない生徒には、6時間、8時間かけて分からせるようにすべきではないか。私自身、高校では選択になってもしかたがないと思う。英語がいやでいやでたまらない生徒を、無理に追いかけなくてもいいと思う。しかし、中学校の段階から、もう切り捨てられてはたまらない。中学の入門期から、もう「お客さま」になりやすい生徒が多いのは事実である。だが、この段階では、何とかヤル気を出させるような、少なくともヤル気を出させる手をつくせる時間を十分にかけたいものである。

　　　　　　　『英語教育』（大修館書店）1982年7月号

I 日本英語教育悲史

　ここまでは、拙著『なぜ学校の英語教育はだめなのか』（1999年3月鳥影社刊）に掲載している。しかしながら、隈部教授の反論への筆者の反論は、発表する機会がなかったので、以下番号順に反論する。

❶ 氏は、よほど英語の授業時数削減にご賛成のようで、11月19日の『毎日新聞』の「編集者への手紙」で授業削減賛成論を述べ、本年1月13日の、同紙における若林俊輔氏の反論にもかかわらず、本誌に記事をのせておられる。

紙上論争の場合、このような表現は避けるのが礼儀である。ディベート (debate) の場合、このような表現をすれば、減点の対象となる。なぜなら「自明の理」を繰り返し、時間稼ぎとみなされるからである。
　隈部教授の「売り言葉」に対し、筆者の「買い言葉」は

　筆者（木本）は、「中学校英語授業時間削減賛成」だから、あらゆる機会をとらえて主張している。主張の内容に類似性があるからといって、2度してはいけないという規則はない。掲載するしないは、発行元が決めること。

となる。

 1978年度、それまで行っていた「ティーム・ティーチング」実施のための、「ALTの学校訪問指導申請書の提出」は、管理職の許可を得ることができなくなった。このことに関し、数年後、定年退職を控えた保健体育担当の男性教員が、筆者に向かって言ったことは

> あの校長は、あんた（木本）が生徒達の前で、いい格好（ALTとのティーム・ティーチング）をするようなことは、許さないよ。

職場の同僚数人も、これを聞いていたので、筆者は「理解者と客観性」を得た。

 従って、筆者が後に引く必要はなくなり、朝日新聞と毎日新聞（両方とも西部本社）へ投稿した。ほぼ同じような内容であったにもかかわらず、掲載された。以下参考に、見てみよう。

なぜ外国人教師を活用しない

 福岡県教育委員会には、米国人の英語教育担当指導主事助手が採用されている。彼の職務は、中・高校英語科教員の研修の補助、及び学校訪問し、英語教育の学習指導の補助である。

 私の勤務する高校は、一昨年は2回、昨年は1学期

に3回、彼の学校訪問指導を受けることができた。ところが昨年7月、管理職は、「英語教育担当指導主事助手の派遣申請書の提出」を、許可しなかった。

　指導主事助手の訪問を受けた際、全校生徒に接してもらうことは、生徒数のうえから不可能である。しかしながら、月1回であれ、また彼と接する生徒が少数であれ、彼の訪問指導があるなしは、どちらが英語教育上望ましいことだろうか。

　現在日本の英語教育は、大きな問題を抱えている。中・高校を通じて6年間学んでも、英語を話せず、また書けない。多くの人々が海外へ出かけるが、そこで買い物をするにも、学校で習った英語は使えない。その原因のひとつは、文法偏重の訳読授業のためである。

　それ故に、英語教育に、英語を母国語とする人の存在は、絶対不可欠である。ラジオやテレビの講座や、英語教育に力を入れる私立学校が、米英人を雇っているのを見れば明らかである。

　このように、英語教育を改善しようとする教員の努力を妨げ、英語教育担当指導主事助手の学校訪問指導を許可しない管理職はもとより、それに同調する英語科教員がいる限り、高校英語教育は改善されないだろう。

　　1979年2月1日付朝日新聞（西部本社版）朝刊
　　　　　　　　　　　　　　　　　　《投稿欄》

続いて、毎日新聞に掲載されたもの。

英語教育に熱意足りない管理職

　本紙の「編集者への手紙」で度々取り上げられる英語教育について、私の意見をつけ加えたい。

　英語教育の改善は、教員と教育行政側の熱意次第で相当程度可能である。ところが、現実には、教員の努力不足に加え、教員の創意工夫を無視するような教育行政が行われている。これが、英語教育の改善を妨げている最大の原因だろう。その一例として―

　私の勤務する高校では、大多数の生徒達は、一度も米英人の英語を直接聞くことなく、その課程を終える（カセットやラジオ、テレビ講座は別）。ある時NHKラジオ講座「続基礎英語」を、教室で書き取りに使った。2年生約350人中、聴き取れたのはわずか2～3人だった。

　このような状況を打破するために、県教育委員会の通知に基づき、同委員会に所属する米国人の授業参加を希望した。しかしながら、管理職はそれを許可せず、一英語科教員の意志は県教育委員会には届かなかった。これでは英語教育の改善は望めない。教育行政の壁ゆえに、英語科教員がベストを尽くせないことは、非常に残念である。

　　　1979年7月5日付毎日新聞（西部本社版）朝刊
　　　　　　　　　　　　　　　　　　《投稿欄》

隈部教授は、この時までにディベートも紙上論争の経験もない、「礼儀知らず」の大学教授らしい。

❷ 外国語として中学・高校で教えられる教師の数から考えれば、英語は「外国語」のうちでも筆頭に位置しよう。しかし、地域の特性により、適切な指導者が得られれば、当然他の外国語がとりあげられても不思議ではない。

中学校、高校における外国語教育をほぼ英語が独占して、どのようにして、英語以外の外国語の指導者を育てるのだろうか（自己矛盾に、陥っているのではなかろうか）。

我が国では、英語以外の外国語を学習する機会は、極めて限られている。大学で英語以外の外国語を専攻する他は、筆者のように専攻が英語であったため、第2外国語が必修科目だったような場合に、限られてしまう。

それ以外は、個人的にラジオやテレビ講座を利用して、学習するしかない。大学で英語以外の外国語を専攻し、教員免許を取得しても、働く職場なしで、どのようにして、英語以外の外国語の指導者を育成するのだろうか。

❸ 英語の教師が「もっと英語以外の外国語を教える機会を設けてほしい」と運動するまでもなかろう。

筆者は、「英語教育は学習指導要領逸脱　なぜ他の外国語を学習する機会を与えない」(1980年3月9日付朝日新聞朝刊に掲載)以来、「もっと英語以外の外国語を教える機会を設けてほしい」と、主張し続けている。

❹　他教科に比べて、英語だけ3時間は無理とする理由がない点である。これは、英語を専門としない人、特に文部省の行政指導の担当官がよく挙げられることである。

　隈部教授は、教育課程の中の、「英語教育のみしか考えなかった」。文部省の行政指導の担当官は、「教育課程のこと」のみしか、考えなかった。筆者は、「教育課程の中の英語教育」を、考えた。

❺　他教科のほとんどは、小学校から学習していて、中学1年から始めるのは英語ぐらいであること、……

　小学校の「算数」が中学校で「数学」になり、教科書に「一次方程式」が出てきた場合を考える。そこでは、「文字を含む項」や「移項」ということを、教えなければならない。数学担当の教員も隈部教授と同じように、「中学校数学週5時間」を、希望したいのでは（？）。

❻ その英語は外国語という「ことば」の学習の特殊性から、初歩段階で、ある程度多くの時間をかけないと、学習効果が上がらないのは勿論、生徒に外国語を学ぶ喜びや意義を実感させられない。

他の教科に比べ、「英語で歌や映画」に接する機会に、恵まれている。

1985年度、福岡県立N高校勤務の時のALTは、Mr. Dwight Penny。彼は以下のような「英語の学習法」を、生徒達に勧めた。

英語は楽しく勉強できる。ラジオやテレビの講座を利用すれば、聞き取る力の練習になる。歌の好きな人は、英語の歌詞を口ずさみながら、英語表現を覚えることができる。読む力をつけるには、自分で書店に行き、好きな内容の本を買って読むといい。最近は面白い漫画も英訳されている。試験のため、しかめ顔をして勉強するよりも、恥ずかしがらずに、もっと外向的に英語を勉強しよう。

❼ 3時間はおろか、中学1年次は5、6時間はかけたい。

週3時間用に編集された教科書を、週6～7時間当

てるというのだろうか。そのようにすれば、多くの生徒達は退屈する。算数的思考ができないのでは（？）。

❽ 他教科は、時間獲得のために、教師・業者一体で猛運動をしてきた。無抵抗だったからこそ、甘く見られて時間を減らされた。

真実であったか、真実でないか分からないようなことを、根拠にすることはできない。もし「真実」ならば、我が国は民主主義国家とは、言えないだろう。隈部教授は、「ものごとを力で決める」、暴力団的言動主義者だろう。

❾ デキない（したがってヤル気のない）ものは、4時間かけてもダメだ。2時間でも負担だ。そういうのは切り捨てて、英語なんかやらせなくてもいいという論である。

若林教授への反論と全く同じ。

筆者の「週3時間の強制に反対する請願書の趣旨に反論する」の中には、「デキない（したがってヤル気のない）ものは、4時間かけてもダメだ。2時間でも負担だ。そういうのは切り捨てて、英語なんかやらせなくてもいい」という個所はない。自分の立場を有利にするために、

ないことをあることのようにすり違える悪質な手法。「デキない（したがってヤル気のない）ものは、4時間かけてもダメだ。2時間でも負担だ。そういうのは切り捨てて、英語なんかやらせなくてもいい」というのは、他ならぬ隈部教授の考え方では（？）。

❿ 4時間かけて分からない生徒には、6時間、8時間かけて分からせるようにすべきではないか。

　個人教授と学校教育を、混同しているのではなかろうか。そのうえ、そもそも外国語は、「選択教科」のはずである。それを、個人の意志を無視し、「学校選択」とし、さらには「英語を外国語教育として強制している」ことも、全く理解していないようである。

⓫ 何とかヤル気を出させるような、すくなくともヤル気を出させる手をつくせる時間を十分かけたいものである。

　「英語学習への動機づけ」と時間数は、関係なかろう。普通高校において、「芸術」の授業時数は通常週平均2時間。しかも2年間で、3年次はゼロ。それでも大学の「芸術関係学科」への進学希望者は、数は少なくとも、毎年途切れることはない。
　筆者の専門分野とは関係ないので、大学の「芸術関係

学科」への進学希望者と、面談したことはない。しかしながら、個人的に努力していることは、間違いない。

例えば、放課後の部活動（書道部、音楽部、美術部）に所属し、ほぼ毎日活動している。それ以外にも、個人的に努力していることは、推測できる（気の合う仲間が集まって、少人数で行う方が、能率的ではなかろうか）。

筆者は今まで、何人もの方々と、英語教育に関する紙上論争をしてきた（拙著『なぜ学校の英語教育はだめなのか』を参照）。その度に、筆者の考えとは異なる考えを知ることができたことに、感謝した。しかしながら、「中学校英語・週３時間」に関する若林、隈部両教授との論争では、空しさしか残らなかった。その理由はおそらく

① 英語教育が外国語教育を独占することだけでも、「傲慢」であり、そのうえさらに、中学校教育課程の中で、他の教科（科目）を押しのけ、英語教育を週５時間要求する「強欲」さには、もう呆れるばかりである。筆者は高校英語教育、若林・隈部両教授は大学英語教育担当者であり、対象となる学習者は異なる。しかしながら、英語以外の教科（科目）を担当する方々に対し、同じ英語教育に携わる同業者として、恥ずかしい。

I 日本英語教育悲史

② おそらく、若林・隈部両教授は夢のような理想的な英語教育を受け、大学で、夢のような理想的な英語教育を行っているのだろう。従って、英語教育に重点を置く極めて少数の私立中学校における英語教育を、公立中学校の英語教育に当てはめようとした。

我が国では、中学校教育は「義務教育」である。即ち、国民全員が対象になる。極めて少数の私立中学校における教育方針が、国民全員を対象とする教育方針に、当てはまるはずはない。

公立の中・高・大学での英語教育を受けた筆者とは、中学校における英語教育への考えは、最初から、一致点は望めなかったのかもしれない。

若林・隈部両教授の主張がいかに幼稚であるかは、以下のように言い換えれば、いっそう明らかになる。

"An apple a day keeps the doctor away"（1日1個のりんごは医者を遠ざける）という諺があるように、林檎は果物の中でも、比較的値段が手頃で、健康に良いとされている（外国語の中で英語は、母国語とする人のみならず、外国語、第2言語、公用語などとして用いる人の数が多く、学習価値がある）。

そのような理由から、中学生に「林檎を週5回食べること」を主張する、栄養学の専門家がいる（英語の授業は、週5時間必要と主張）。ところが、林檎

を週5回食べることができる中学生もいれば、5回は多すぎて、3回なら食べることができるという中学生も、いるはずである（英語の授業は、週3時間で充分）。

また、林檎ではなく蜜柑なら、週5回食べることができるというのみならず、週3回なら、食べることができるという中学生もいるはずである（外国語学習として、英語以外の言語を、週5回あるいは3回希望）。

更には、果物は苦手だから、その分の栄養素は野菜から摂取するという、中学生もいるはずである（外国語は履修しない）

このように種々様々な中学生に、「全員週5回林檎を食べること」を、主張する。

ようなものだろう。

（2）

中学校・高校の英語教育は、文部科学省の「学習指導要領」に基づいて行われることを知らず、行き当たりばったりの大学英語教育を行った（？）、林彦一大阪樟蔭女子大学教授（当時）。

林彦一（大阪樟蔭女子大学教授）著『文化人・教育者

英語学者との対決』（2004年4月新風舎刊）に、筆者の『なぜ学校の英語教育はだめなのか』（1999年3月鳥影社刊）の内容についての、反論があった。

しかしながら、それは極めて「的外れで幼稚」なものであり、筆者はそのことを既に、拙著『反論』（2010年9月鳥影社刊）で指摘した。ここでは、そのうちの幾つかについて、再度角度を変え、問題点として指摘する。

まず林教授が、筆者を批判している全文を見てみよう（pp.68 - 72.）。

（二）木本清

「1週に僅か二、三時間程度」と同趣旨の事を、「30年の高校教員生活から退職された」木本清氏が、「中学校英語週3時間で十分　量より質の改善こそ問題」（『なぜ学校の英語教育はだめなのか』、鳥影社、3/5/1999、初版第1刷、72）、と述べられている。そして氏のこの意見は、英語教育学専攻の東京外国語大学W教授と大妻女子大学K教授によって徹底的に叩かれたらしい。

では私は？　大本つまり結論的には木本氏の提言に賛成で、「週3時間で十分」という結論は良しとするものの、それ以外ではダメ、と云わざるを得ない。

木本氏は、量より質と言いながら、3時間説の根拠

を、1）テキストはそれで十分こなせる量しかない、2）今は仮定法など教えないから、3時間で受験に不利になることもない、に求められる。抑々これがおかしい。テキストなんて使いようで量に関係なくどうにでもなるものだ。一頁や二頁のテキストなら別だが、ある量があればいくらでも膨らませることが出来る。逆に週一時間でやれと言われても、一年で一冊の本を片づけようと思えばできる。また、テキストになくても、私は時と次第では仮定法も教える。なぜなら直説法との対比で、仮定法が理解できないということはあり得ないからである。だいたいが、「仮定法を教えないから（週3時間の授業でも）受験に不利にならない」という発想自体が形式的で死に体の授業であることを示している、と私の考えではなる。

　ということで既に、「量より質」と言う木本氏の言葉も、大した内容を持つものではないことが分かるのだが、果たして、「英語教員の怠慢」だとか、「英語教員がそれに向けて努力しただろうか」といった、言うなれば、誰が悪いといった非難を相手に投げつける「詮ない」ことばかりで、木本氏自身の教育観に基づく「教え方」には遂にお目にかかれず、それが出てくるのかと期待させられた最後のⅣ章「聞く、話す英語学習法」は、誰にでも言えるような、「NHK衛星第一の『ジム・レーラーNアワー』」「CNNイ

ンターナショナルの『Larry King Live』」の聴取を勧めるだけでなく、なんの酔狂か──氏の自己宣伝、と私は邪推している──、「参考に、1998年6月に放送された番組の内容は、次のようなものであった」（141）としたあと168頁まで、延々と似たりよったりの面白くもない番組をひたすら、それも書くことがないのでスペース稼ぎと見られても仕方がない不必要な空白を設けて紹介しまくるのである。参考までに──「参考」というのはこのように使うので、一カ月もの間の似たりよったりのことを並べるのは参考ではなくコピーである──、該書の142頁の上半分と、156頁の上半分を挙げると（私が何故こんな変な利用の仕方をしたのかは、以下読み進められると自然に分かる）、

（……）。アメリカ合衆国の上下院議員の（D）は民主党、（R）は共和党を示す
　テレビNHK衛星第1「ジム・レーラーNアワー」
　月～金14:00～14:50（但し月曜日はアメリカABCニュース）
6月1日（月）
1．パキスタン核実験
　　Riaz Khokar (Pakistani Ambassador to the U.S.)
　　Sen. John McCain (R) (Armed Services Committee)

6月24日（水）〜6月26日（金）
ワールドカップサッカー放送のため中止

6月29日（月）
１．米大統領訪中アメリカ大使に聞く
　　James Sasser (U.S. Ambassador to China)
２．税制改革審議の見通し
　　フォーブズ氏に聞く
　　Steve Forbes (President and CEO Forbs Inc.)
　　下院歳入委員長に聞く
　　Rep. Bill Archer (R) (Chmn, Ways & Means Cmte.)

といった具合だ。これが何ページも続くバカバカしさは措くとして【第一、こんな放送を聞く人は相当の実力がある人でこんな紹介は不要、いったい誰のために木本氏はこんな事を長々と書いているのか理解に苦しむ】、私がサッカーの記事をわざわざ取り上げたのは、「中止」に目が留まったからである。私も何年何十年と氏の紹介する放送を聞いているが、昼間の放送が仕事で聴けない時とかスポーツなどで中止の場合は―どうしてスポーツの放映はBS 2の方でやらないのか、疑問に思っている―、「予約録画」してフル活用している。「予約録画」には、氏が言及しておられない翌朝の午前3時50分からの再放送も含まれているのだが、この言及がなかったということは、木本氏は多分

I 日本英語教育悲史

<u>ご存じなかったのであろう、と言えば大変な暴言になるだろうか。いやそれどころか、それを知っておられて言わなかったということは許されない、となろう。</u>なぜなら、ヒルの方は最近頓に日本人のスポーツ選手のアメリカでの活躍で放送中止が多いだけでなく、午前3時50分からの再放送は、昼間のと違って英語の字幕スーパーがつく、という大きな特徴があるからだ。では、氏の「中学校英語週3時間で十分」の吟味に移ろう。

　次に外国語としての英語学習という観点から考えてみると、これも別に支障はなさそうである。なぜなら学校は、英語の基礎を教えればよいのであって、後は各人の創意、工夫によらなければならない。

　それ故に、英語週3時間がどうしても不安であれば、ラジオ、テレビ英語講座の利用を勧める。ラジオ、テレビ講座は、一回の時間は短いが、毎日やれば相当効果的なものであり、やる気さえあれば勉強はできるものである。

　中学校英語週3時間は何ら驚くことでもなく、当然の成り行きではなかろうか。町に氾濫する英語学校等を見れば、学校の英語教育は社会からいかに信頼されていないかは明らかである。その一原因として、英語教員の怠慢は大きなものだろう。

　学校英語教育の改善が叫ばれ始めて随分久しい

が、(……)(73)

　私は先に、氏の発想が形式的で死に体と評したが、この文章にはそれが見事に現れている。氏は、「後は各人の創意、工夫によらなければならない」「やる気さえあれば勉強はできるものである」と仰るが、よくもこういう仮定でものが言えるものだ。「創意・工夫があれば」「やる気さえあれば」ということは現実にはないということだ。現実に無いものをあるとして事実を論じても説得性はないだろう。「死ぬのは簡単だ、死ぬ気さえあれば」で、ふつう死ぬ気の人はいないから「死ぬのは簡単だ」という帰結は無意味、これが意味を持つためには、仮定部分の「死ぬ気さえあれば」が「死ぬ気がなかろうと」という譲歩節にならねばならない。そして「創意、工夫があれば」「やる気さえあれば」があれば、週３時間でなく２時間でも１時間でもいい、と私の教え方ではなる（ということも言い添えておこう）。

　「工夫」と「やる気」を如何にして生徒に植えつけるかが問題ではないのか。木本氏の言っていることは本末転倒で、やる気を起こさせ、自分で考え工夫する力を養成すれば、週３時間で十分、というふうになるべきだろう。では、現実にはないけれど、「創意・工夫・やる気」を養成する方法を氏は説いているかというとそれはなく、ただ教育は「ダメ」ということし

か言われていない。

　再度言う。「創意と工夫とやる気」これを起こさせるのが教育の最大眼目、これが生徒たちにないから問題になっている。「利用を勧める」もそうだ。勧めてできるなら問題はない。よくもエラソウに、「なぜ学校の英語教育はだめなのか」と言えたものですね。そうそうここで気付いたのだが、このタイトル、私が三章の（四）以下で取り上げ完膚無きまでに叩きいや切りつける澤井氏の、『誰がこの国の英語をダメにしたのか』とそっくりですね―いや、己惚れの強い澤井氏の方がやはりきつい、というチガイはありますが、このように他に向かって簡単にダメと言える人間は、だいたい本人がだめ、というのが私の実感です――。

　筆者と同じ大学で英語を専攻し、若手の高校英語科教員のY氏が、この個所を読み

　　林教授は酒を飲み、酔った勢いで喋りまくったことを、新風舎という出版社が録音し、活字に変えたのでは（？）。

と言ったので、筆者は苦笑いをした。

　以下番号順に反論する。

❶ 氏のこの意見は、英語教育学専攻の東京外国語大学W教授と大妻女子大学K教授によって徹底的に<u>叩かれた</u>らしい。

筆者は、「叩く」という動詞を、物理的な意味しか用いないことにしている。従って

英語教育学専攻の東京外国語大学W教授と、大妻女子大学K教授による、氏のこの意見への反論の内容は、極めて厳しいものだったらしい。

と、言いかえた。断っておくが、「論争」というのは、対等の立場で行うものであり、その意識がなければ、もうそれは「論争にはなりえない」。

❷ テキストなんて使いようで量に関係なくどうにでもなるものだ。一頁や二頁のテキストなら別だが、ある量があればいくらでも膨らませることが出来る。逆に週一時間でやれと言われても、一年で一冊の本を片づけようと思えばできる。また、テキストになくても、私は時と次第では仮定法も教える。なぜなら直説法との対比で、仮定法が理解できないということはあり得ないからである。

「無知による愚論、暴論、爆笑論」

Ⅰ 日本英語教育悲史

また
　　　　林教授は「持論を誤りで始めた」

従って「以降の中学校英語教育に関する内容は
　　　　　　全て誤り」
と、筆者は判断せざるをえない。

　しかもこの個所は、最初から最後まで、「中学校学習指導要領外国語（英語）違反」。

　小学校で学習する「漢字の数」は、決められている。中学校で学習する「英語の単語数」も、同様である。学習者の負担を考えれば

　　中・高校における英語教育は、教科書の編集のみならず授業内容も、「文部省（当時）の学習指導要領外国語（英語）」を外れて、行うことはできない。

ということを、我が国の中・高校英語教育関係者は知っている。知らなければ、英語教育関係者として「失格」であり、仕事はできない。

　このようなことを知らずに（？）、一体どのような「大学における英語教育」を、行なったのだろうか。まさに「行き当たりばったりの、場当たり英語教育」、ではなかったのだろうか。

　心の中までは自由だが、口にも出せない「学習指導要領違反」を、中学校英語教育関係者に示唆するようなこ

93

とを、私学とはいえ、大学教授が活字にしたのである。活字にしたものは、数十年は残る。

　林彦一著『文化人・教育者　英語学者との対決』の出版は、2004年4月。「著者プロフィール」によれば、林教授は、当時大阪樟蔭女子大学教授として学生達の指導に当たっており、問題は深刻。なぜなら、大学教授が自分の著書の内容に言及しないことは、考えられないからである。

　筆者が中学生の時、英語の授業は週5時間行われた。3年次のテキストの後半に、「仮定法の用法」があったと、記憶している。

　1980年代に入り、中学校における英語の授業は、「週3時間」となった。その結果、「仮定法の用法」は、高校の教科書へ回された。中・高校において、そのような英語教育を受け、大阪樟蔭女子大学へ進学し、英語を専攻したと仮定する。

　受講する英語関係学科の講義の中で、担当の教官が、中学校の英語教育に関し

　　テキストになくても、私は時と次第では仮定法も教える。なぜなら直説法との対比で、仮定法が理解できないということはあり得ないからである。

と発言して、通用したのだろうか。
　英文法の「仮定法」は、日本人にとって、最も難解な

文法事項のひとつである。周到な準備なしに、教えられるはずがない。高校1年生用英文法のテキストに、「仮定法」が出てきた時、筆者はプリントまで準備して授業に臨んだ。林教授の持論が、いかに「思いつきで嘘っぽい」ものであるかは、明らかである。

　もし「通用した」とするならば、大阪樟蔭女子大学の学生というのは、よほど「批判力のない」学生達だろう。

　筆者なら、その教授の担当する講義への出席を止め、その年の単位修得を諦める。そして次年度、担当教官が変わることを期待する（もし変わらなければ、関係者に事情を説明する）。筆者は大学3年次に、これに似たような経験をし、以下のような行動をした。

　必修科目「原書講読」のひとつに、エミリー・ブロンテ（Emily Brontë）作（1847年）、『嵐が丘（Wuthering Heights）』があった。当時の筆者は、「文学作品の理解は、その国におけるその時の社会情勢の理解が、不可欠」と、考えていた。

　当時アメリカ合衆国に関する情報の入手は、かなり容易だった。しかしながら、イギリスに関するものは、現在のように、容易ではなく、しかも情報量は少なかった。そのうえ、1840年代のイギリスの社会状況を知ることは、極めて難しかった。

　必須科目「原書講読」のテキストに、『嵐が丘（Wuthering Heights）』を選んだ担当教官にとって、英

語はおそらく「コミュニケーションの手段」ではなく、「研究の手段」だったのだろう。筆者はそのようなことに、関心はなかった。

　最初の数回出席して、全くつまらない講義であることが分かり、単位修得は諦めた（2～3年次の原書講読単位未修得者のための特別講座が、4年次にあることを知っていたので）。4年次にその分の単位修得をし、ようやく卒業できた。

　筆者の所属した外国学部米英学科には、筆者と同じような考えを示した学生は、何人もいた。彼らがどのような行動をしたのかは知らない。しかしながら、共通の話題となったのは

　　自分達の所属しているのは、「文学部英文学科」ではなく、「外国語学部米英学科」である。現代の米英文学作品ならともかく、1840年代のイギリスの文学作品を、必修にするのはおかしい。せめて「選択科目」にすべきである。

ということだった。

高度な文学作品を読み、作者の意図やその国の社会情勢が理解できても、そのような手段で生計を立てることができるのは、我が国では極めて少数の人々。
　そのようなことより、初級あるいは中級英語でも、「聞

く・話す・読む・書く」ができる方が、中・高校への教職関係のみならず、企業への就職の道が開かれた。筆者が大学を卒業した後くらいから、「文学部英文学科」への進学希望者は、減少し始めた。現在我が国のどれ程の四年生大学に、「文学部英文学科」が、まだ残っているのだろうか。

　アメリカ合衆国では、「教育権」は各州の管轄。我が国は、中央政府。文部科学省は、林彦一著『文化人・教育者　英語学者との対決』の、「中学校学習指導要領外国語（英語）違反の示唆」を、どのように把握し、対処したのだろうか。

❸　「仮定法を教えないから（週３時間授業でも）受験に不利にならない」という発想自体が形式的で死に体の授業であることを示している、……

　思考順序の混乱。

中学校学習指導要領「外国語（英語）」には、取り扱う「項目」があり、そこに「仮定法」はない。
↓
「ない項目」は教えない（教えることはできない）
↓
教えない項目を、高校入試に出題することはない

との順序で、考える。

❹ 「量より質」と言う木本氏の言葉も、大した内容を持つものではない…

　筆者（木本）は
　　　「中学校学習指導要領外国語（英語）」遵守
　　　　　　　　　　↓
　　　　　　大した内容を持つものではない

　林教授は
　　　「中学校学習指導要領外国語（英語）」違反
　　　　　　　　　　↓
　　　　　　大した内容を持つ（？）

❺ 「英語教員の怠慢」だとか、「英語教員がそれに向けて努力しただろうか」といった、言うなれば、誰が悪いといった非難を相手に投げつける「詮もない」ことばかりで、木本氏自身の教育観に基づく「教え方」には遂にお目にかかれず、……

『なぜ学校の英語教育はだめなのか』は、筆者の最初の著書。従って書名のように、在職中における、主として英語教育に関する「問題点」を、取りあげた。

以下のものは、拙著『日本の英語教育をだめにしているのは』(2000年10月鳥影社刊)に、既に掲載しているが、途中の個所のみ、再度取りあげる。

英語教育行政

——前　略——

以上指摘したような、教育行政のもとでも、地道に、しかも絶えず努力し、尊敬に値する英語科教員が私の近くにいる。百万円近い金額を自己負担し、海外研修に出かけたり、毎年研究論文を発表したり……。けれどもそのような教員の努力に対しては、何の評価もない。

教師用指導書を見て、市販の問題集を使い、課外授業で金銭を稼ぐ教員が、良い評価を受けているのではなかろうか。

——後　略——

これは、1980年1月23日付西日本新聞朝刊《地域からの提言》に、掲載されたものである。

「誰が悪いといった非難を相手に投げつける詮もないこと」ならば、なぜ西日本新聞が、掲載したのだろうか。筆者は、この投稿が掲載されたことにより、内容の「客観性」を確認した。

筆者の6冊目の著書は、『私の英語遍歴』(2011年

10月鳥影社刊)。その中には、まず、筆者が英語学習を始めた中学校 1 年次より、大学で英語を専攻した 10 年間の英語学習法。さらに、その後 30 年間、高校教員としての英語教育で重点を置いたことのみならず、自己研修についても記している。ゆっくり、お読みになればいい。

❻ 誰にでも言えるような、「NHK 衛星第一の『ジム・レーラー N アワー』」「CNN インターナショナルの『Larry King Live』」の聴取を勧めるだけでなく、……

　筆者は、「誰にでも言えるような」ことしか、言わない (誰にでも言えないことは、言わない)。

❼ ― 氏の自己宣伝、と私は邪推している ―、……

　筆者以外に、「NHK 衛星第 1 の『ジム・レーラー N アワー』」、「CNN インターナショナルの『Larry King Live』」を視聴している高校の英語科教員は、何人もいた。これらの番組を視聴しているからと言って、「自己宣伝」になる筈がない (番組の内容をどれほど理解できるのかについては、全く言及していない)。

❽ 似たりよったりの面白くもない番組をひたすら、それも書くことがないのでスペース稼ぎと見られても

仕方がない不必要な空白まで設けて紹介しまくるのである。

　著書の内容や構成は、著者と出版社が決めること。それ以外の考えが、反映されることはありえない。

❾　これが何ページも続くバカバカしさは措くとして、【第一、こんな放送を聞く人は相当の実力がある人でこんな紹介は不要。いったい誰のために木本氏はこんな事を長々と書いているのか理解に苦しむ】、……

↓

これがどこかの大学教授の日本語読解力（？）

「NHK 衛星第1の『ジム・レーラー N アワー』」、「CNN インターナショナルの『Larry King Live』」の視聴を勧めると

①　すでに視聴している人は、素通り読み。
②　視聴に関心のない人も、また素通り読み。
③　視聴してみようかという人も、いる筈である。そのような人にとって
　1週間分の内容 → 少なすぎる
　2週間分の内容 → 残り半分の内容は、どのようなものだろうかという疑問を持つかも？

3週間分の内容 → 分量としては中途半端
　結局、4週間分の内容となった

これでもまだ「理解に苦しむ」（？）

❿　氏が言及しておられない翌朝の午前3時50分からの再放送も含まれているのだが、この言及がなかったということは、木本氏は多分ご存じなかったのであろう、と言えば大変な暴言になるだろうか。いやそれどころか、それを知っておられて言わなかったということは許されない、となろう。

高校教員の筆者（木本）が
　NHK衛星第1放送の『ジム・レーラーNアワー』は再放送がある
　　　　　↓
　　ことを知らなかったは、許されないこと

大学教員の林教授が
　中・高における英語教育は、教科書の編集のみならず授業内容も、「文部省（当時）の学習指導要領外国語（英語）」を外れて、行うことはできない。
　　　　　↓
　　ことを知らなかったは、許される（？）

Ⅰ　日本英語教育悲史

❶ 「創意・工夫があれば」「やる気さえあれば」ということは現実にはないということだ。
↓
これがどこかの大学教授の日本語読解力（？）

現実には
「創意・工夫」
をする中学生もいれば、しない中学生もいる。
「やる気」
がある中学生もいれば、ない中学生もいる。

従って、「現実にはない」とは、言えないだろう。

❷ 「死ぬのは簡単だ、死ぬ気さえあれば」で、ふつう死ぬ気の人はいないから「死ぬのは簡単だ」という帰結は無意味、これが意味を持つためには、仮定部分の「死ぬ気さえあれば」が「死ぬ気がなかろうと」という譲歩節にならねばならない。
↓
これがどこかの大学教授の日本語表現力（？）

指示のようにすると

「死ぬ気がなかろうと、死ぬのは簡単だ」→（？）

筆者は死ぬ気になったことがないので、この個所の日本語は、理解できないのかもしれない。生命の大切さは、女性演歌歌手坂本冬美さんの歌う『男の情話』に、以下のようなセリフがある。

　いくら上手に泳いでいても、一生は一生、生命はひとつでございます。自分の思った通りに使わなければ、この世に生まれてきた甲斐がございません。

❸　木本氏の言っていることは本末転倒で、やる気を起こさせ、自分で考え工夫する力を養成すれば、週３時間で十分、というふうになるべきだろう。では、現実にないけれど、「創意・工夫・やる気」を養成する方法を氏は説いておるかというとそれはなく、……

筆者は
　「創意・工夫・やる気」を養成する方法を
　「知らない」（ひとりひとり異なると思われる）
ので
　「創意・工夫・やる気」を養成する方法を
　「説くことはできない」
　（そのような方法があれば、是非知りたい）

　従って、筆者の「創意・工夫・やる気」を、例として

以下にあげる。

　中学 1 年次より英語学習を始め、熱心に取り組んだ。その理由は、「英語を学習すれば、祖父母や両親とは異なる世界が開けるのではないか」、という期待感があった。

　それに加えて当時、エルビス・プレスリー（Elvis Presley）というアメリカ人ポップス歌手が、身体を揺すって歌う姿が、とてもカッコよかった。数少ない英語学習に熱心な友人と交わした会話の中に、「あんな英語の歌詞が、分かるようになったらいいね」が、あった。

　高校生になって熱心に勉強したのは、松本亨先生と飯田和子先生担当のNHKラジオ講座『英語会話』。夏・冬期休暇中は、鬼頭イツ子先生、五十嵐新次郎先生、J. B. ハリス先生担当の『百万人の英語』（民放）も加えた（ハワイ出身の鬼頭先生は、"Hello" の代わりに "Aloha" と言って、講座を始めた）。

　日曜日にはしばしば、アメリカ人宣教師による『聖書学習会』に出かけた。従って、学校の正課授業で学習したのは、「英文法」くらいで、教科書名も覚えていない（筆者の最初の著書『なぜ学校の英語教育はだめなのか』は、この経験に基づいている）。

　その他、アメリカ映画をよく見た。しかしながら、映画の場合、登場人物の台詞の語句や構文は推測できても、それを確認することができなかった。それに比べると、レコードには歌詞がついていて、英文を確認することが

できた。

　好きな歌の歌詞を全部覚えると、それは教科書のひとつの課の分量に、相当した。
　カスケードの歌った『悲しき雨音』の
　　　　　Listen to the rhythm of the falling rain....
で、"hear" とは異なる "listen to ~" の意味が、ほんとうに理解できたような気がした。
　しかしながら、ジーン・ピットニーの歌った『ルイジアナ・ママ』は、飯田久彦さんが日本語で歌って
　　She's my hot Louisiana mama from the town called New Orleans, golden hair and eyes of blue, ...
で描いていた筆者の想像は、完全に壊れてしまった。
　以上が、筆者の中・高校時代の「英語学習法」(大学時のことについては、拙著『私の英語遍歴』に詳しく記している)。

　筆者が高校英語科教員として在職した30年間で、努力したことは

① 講読の教科書を担当した時は、教科書付属のカセットテープを準備し、授業の始めに必ず2回は、モデルリーディングを聞かせた(教員になり初めの頃は、「英文法テキスト」の例文のモデルリーディングを録音したカセットテープはなかった。退職10年前位からは利用可能となり、これも準備した)。

② ALTとのティーム・ティーチングを、できるだけ多く行った。そして、英語を母国語とする方々の言動を、自分の目で観察する機会を、生徒達に与えた。

③ ワープロを使用するようになってからは、できるだけプリントを準備した。教科書のひとつの課に出てきた重要な語句、構文と同じ用法の例文を、生徒が辞書から抜き出し、一覧表としてプリントが作成できる準備をした。時間的に余裕のある時は提出させ、生徒ひとりひとりの努力状況を、把握した。

何人もの卒業生から聞いたことは

　私は高校３年間、英語を熱心に勉強しましたが、大学では英語を専攻しませんでした。でも在学中授業で、アメリカ人の先生の英語を聞いた時、「これが、本物か」という印象は、今でもよかったと思っています。

❶❹ 「創意と工夫とやる気」これを起こさせるのが教育の最大眼目、これが生徒たちにないから問題になっている。

　　　常識的に考えて、「外国語は選択教科」

なぜなら、外国語の知識は全くなくても、日常生活に支障はない。

これに比べ、例えば国語を例にとると、古文や漢文はさておいて、「現代文」は、毎日の生活の中で用いられている。

また、社会科の「日本史」は、自分達の生活している国が、どのような経過を辿って現在の形になったのかについて、関心を示す生徒は多い。さらに「現代社会」で、憲法や法令、選挙制度等を学ぶことは、毎日の生活と結びついている。

今ここに中学生が100人いるとする。我が国の高校進学率は約95パーセント。もし外国語が選択教科ならば、「選択しない」が、約5人（高校入試を受けないので）。

もし履修する外国語を選択できるとするなら、英語以外の外国語を選択するのが約10人（筆者の在職中、「漢字にとても関心があるので、中国語を学習してみたい」、あるいは「ドイツの童話に関心があるので、ドイツ語を学習してみたい」、「フランス語でファッションの勉強をしたい」と、言う高校生がいた）。

この約15人に、「創意と工夫とやる気を起こさせる」は、極めて難しい。なぜなら、最初から、英語学習の意図がないにもかかわらず、強制されるからである。

残り約85人のうち、約10人は、「コミュニケーションの手段としての英語学習」ができる。この約10人に、

「創意と工夫とやる気を起こさせる」は、「必要ない」。

　もし外国語が選択教科になれば、当然高校・大学入試の外国語も、選択制にならざるをえない。残りの約75人のうち、どれ位の人数が外国語として英語を選択するかは、全く見当がつかない。

「選択教科」であるはずの「外国語」を、まず「学校選択」という大人の都合で歪め、その外国語を「英語」という形でさらに歪め、そして、全中学生に強制して
　　　　　　「やる気がない」
など、言えるはずがなかろう。

　1975年「夏期アメリカ合衆国における研修講座」を受講した。ノースカロライナ州（North Carolina）シャーロット（Charlotte）にある、イースト・メックレンバーグ・ハイスクール（East Mecklenburg High School）で、2週間学校見学の機会を持った。

　9月に入り、すでに学年は始まっていた。「外国語としての仏語と西語」の授業を見学した。授業が終わった後、ひとりの男子生徒に、「仏語履修」の理由を尋ねたところ
　　　　両親がフランス系アメリカ人だから。
ということだった。

　同様に、「外国語としての西語」の授業を見学した後、ひとりの男子生徒に、「西語履修」の理由を尋ねたところ

アメリカ合衆国と陸続きの中南米で用いられている言語だから、将来必要になるかもしれない。
ということだった。
　そこには、「受験のため」などという言葉は、全くなかった。「創意と工夫とやる気」など、問題外。

　2003年元旦、NHK総合テレビ番組『未踏の知をめざせ』があった。その中で、1973年度ノーベル物理学賞を受賞された江崎玲於奈先生は、小学生の時、担任の先生から

　　江崎、おまえ大きくなったら何になりたいか。

と言われ

　　　エジソン（Thomas Edison―米国の発明家
　　　　　　　　　　　　　　1847〜1931）
　　のような発明家になります。

と、答えたと仰った。ノーベル物理学賞を受賞された方と、一般の人々とは同じではないかもしれないが

　　「創意と工夫とやる気」これを起こさせるのが
　　　　教育の最大眼目、……

I 日本英語教育悲史

が、江崎玲於奈先生に当てはまる（？）

　余談とも思われるが、2003年元旦に放送されたNHK総合テレビ番組『未踏の知をめざせ』で、ノーベル物理学賞受賞の江崎玲於奈先生を、番組担当の竹内陶子氏は,「江崎さん」と、言った。
　もし竹内氏が、アメリカ合衆国の民放テレビ番組の中で、"Mr. Esaki"と、言ったとする。そうすれば、おそらく竹内氏は、放送番組担当者としての生命は、絶たれてしまっただろう。
　アメリカ合衆国の建国の基盤は「自由」。その中で自分独自の考えを持ち、発展させ、世界の頂点に達した方を、"Mr.～"とは言わない。江崎玲於奈先生は１９５９年、東京大学より「理学博士号」を授与されている。従って、"Mr. Esaki"ではなく"Dr. Esaki"。同じような例を、以下にあげる。
　本書執筆中、アメリカ合衆国では、来年（2016年）秋の大統領選挙を控え、民主・共和両党共複数の候補者が、それぞれの党の大統領候補者を目指して、活動を始めていた。
　共和党の候補者の一人は、医師の"Dr. Ben Carson"。ABCテレビ番組の担当者は、インタビューの際は必ず" Dr. Ben Carson"と言い、決して" Mr. Ben Carson"ではない。ＮＨＫだからこそ、一般の日本人よりも劣ると思われる「日本語感覚」で、堂々と仕事ができる。

❶❺ 「利用を勧める」もそうだ。勧めてできるなら問題はない。

↓

これがどこかの大学教授の日本語読解力（？）

国語辞典によれば、「勧める」の意味は
　　　　励ます → 強制力はない
従って、「できるかもしれない」し、「できないかもしれない」。

　新聞の切り抜きは保管していないが、これとほぼ時を同じくして、西日本新聞第1面に、どこかの教育委員会の「中学校英語時数削減で、ラジオ講座の利用を勧める」が、掲載された。筆者以外にも筆者と同じ考えを持つ方がおられることを、これで確認した。

❶❻ よくもエラソウに、「なぜ学校の英語教育はだめなのか」と言えたものですね。

　筆者の高校英語科教員30年間の経験から、極めて通常に発表した偽らざる感想である。もし「学校の英語教育はだめではない」とするならば、『なぜ学校の英語教育はだめなのか』の中で指摘した。

Ⅰ．高校英語教育低迷の原因

1. 教科書（1. 文部省検定済　2. 内容）
2. 考査
3. 教員
4. ALT（Assistant Language Teacher）
5. 英語科（英語コース）
6. 英語検定試験
7. 大学入試センター試験

について、なぜ反論しないのだろうか。「学校の英語教育はだめではない」は、反論の後でしか言えないことである。言い換えれば

　　　「順序のない論理など、ありえない」

❶⓻　他に向かって簡単にダメと言える人間は、だいたい本人がだめ、というのが私の実感です――。

だめな本人（木本）の、英語４技能のレベルと研究業績は

聞く→NHK衛星第１放送の『PBS NEWS HOUR』と『ABC NIGHTLINE』を、字幕なしで聞く。
話す→在職中、ALTとのティーム・ティーチングで、授業の始めに約１～２分間英語で挨拶をした（スピーチのレベルには達していない）。
　　　日常会話のレベルであれば、

「英→日及び日→英」の逐次通訳ができる
(同時通訳のレベルには達していない)。
読む→トルーマン著『回顧録』、チャーチル著『第2次世界大戦』から、「広島・長崎への原子爆弾投下」に関する個所を抜き出し、日本語訳を添え
『反論』(2010年9月鳥影社刊)
『再び広島・長崎への原子爆弾投下の過程を検証する』(2013年6月鳥影社刊)
として出版。
書く→比較的短いものを、拙著『なぜ学校の英語教育はだめなのか』に掲載している。

研究業績は本書を入れ、著書9冊。林教授の「英語4技能のレベル」、及び「研究業績」を是非拝見したい。

林彦一著『文化人・教育者　英語学者との対決』に掲載された、筆者の『なぜ学校の英語教育はだめなのか』への反論を纏めると

① 客観性のない独断論

筆者が、高校の英語科教員として正式に採用されたのは、1968年4月。2年後の1970年より、「福岡県高等学校英語研究部会」への投稿を始めた。その後1983年

まで、ほぼ毎年投稿は続いた。

　しかしながら、「英語研究部会」への投稿は、この年で止めた。その理由は、福岡県教育委員会が任命した、研究業績のない英語科出身の管理職が、会長に就任し始めたからである。そのような組織に、筆者は関心がなかった。

　その後英語教育に関することは、月刊誌『英語教育』(大修館書店)、『現代英語教育』(研究社)、短期間ではあったが『英語教育ジャーナル』(三省堂) の《フォラム》に、しばしば掲載してもらった。

　英語教育のみならず、高校教育に関するものは、朝日新聞、毎日新聞 (いずれも西部本社版)、西日本新聞の《投稿欄》に、掲載してもらった。

　筆者が自分の考えや意見を投稿したのは、「客観性」を得るため。雑誌や新聞に掲載されたものは、出版元の編集室の方々による、チェック済みである。

　筆者の9冊の著書は、ほとんど在職中に発表したものを、部門別に分類し、1冊ずつの形にしたもの。従って、「客観性」には十分自信がある。いきなり、自分の考えや意見を著書にする勇気を、筆者は持たない。

　②「多様性」を忘れた英語教育論

　「コミュニケーションの手段としての英語」を学習する者に、与えられる特権として

1）英語圏での生活体験
　2）英語を母国語とする人々のみならず、外国語とする人々との交流

が、容易くなることをあげる。

　「英語圏での生活体験」として、筆者はアメリカ合衆国を選んだ。その理由は、まず政治的に、自由主義陣営におけるリーダーだからである。生徒達の授業に支障がないように、夏期休暇中を選び、2回の渡米約2ヶ月半の滞在で、アメリカ合衆国の西部と東部を、十分見学した。

　その時の印象として、ある程度予想はしていたが、「アメリカ人の言動は、ひとりひとり皆異なる」は、強烈だった。「自分と同じ価値判断基準を持つ他人はいない」という教訓を、他人からではなく自ら学んだ。

　その後ティーム・ティーチングのため、約10人のALTと対話の機会を持った。アメリカ人のみならず、イギリス人もオーストラリア人も含め、ひとりひとりほんとうに個性的で、面白かった（？）。

　ALTは契約を更新すれば、3年間は日本に留まることができる。3年間滞在し、帰国後は"Survival English"（アメリカ合衆国への移民のための英語講座）を担当し、日本滞在中の経験を十分生かしている、という手紙をくれたアメリカ人ALTがいた。

　他方、1クラス40人もの生徒達への授業に耐えられず、やっとの思いで、1年間の契約を履行し（？）、契

約が終わると、すぐに帰国したアメリカ人 ALT もいた。

③「民主主義の原点」否定論

　筆者の通学した中学校は、毎日が決して平穏ではなかった。同級生同士で、もめごとがあり、また喧嘩もあった。その度ごとに、3年間社会科を担当された先生は

我が国は民主主義国家
問題解決は力ではなく、話し合いで
話し合いの言葉は適切に。

を繰り返した。筆者はこの言葉を今でも大切にし、言動の指針にしている。

　「どこかの大学教授」が、品のない言葉で他人を誹謗・中傷している個所を、再度見てみよう。

❶　氏のこの意見は、英語教育学専攻の東京外国語大学 W 教授と大妻女子大学 K 教授によって<u>徹底的に叩かれた</u>らしい。

❹　「量より質」と言う木本氏の言葉も、<u>大した内容を持つものではない</u>ことが分かるのだが、……

❺ 言うなれば、誰が悪いといった非難を相手に投げつける「詮もない」ことばかりで……

❽ 似たりよったりの面白くもない番組をひたすら、それも書くことがないのでスペース稼ぎと見られても仕方がな不必要な空白まで設けて紹介しまくるのである。

⓭ これが何ページも続くバカバカしさは措くとして、【第一、こんな放送を聞く人は相当の実力がある人でこんな紹介は不要。いったい誰のために木本氏はこんな事を長々と書いているのか理解に苦しむ】、……

⓰ よくもエラソウに、「なぜ学校の英語教育はだめなのか」と言えたものですね。

⓱ 他に向かって簡単にダメと言える人間は、だいたい本人がだめ、というのが私の実感です——。

　林教授はまた、大学での講義も、このような「品のない言葉」を用いて行ったのだろう（大学教授が、自分の著書の内容に言及しないことは、考えられない）。そのことを、大学経営の最高責任者（理事長）が見過ごしたとすれば

I 日本英語教育悲史

　　大阪樟蔭女子大学というところは
　　　「よほど品のない大学だろう」
と推測できる。

　筆者が初めて「論文」（手本としての）を手にしたのは大学３年時。河上道生先生（当時教授）のゼミ受講が決まってから。受講開始前、先生の研究業績を知るためだった。

　大学の紀要に掲載されている先生の論文を、図書館でコピーしてもらい、ひとつひとつ丁寧に読んだ。長めの英文はなかったが、「自然な日本語と英語」という印象を持った。

　「新風舎」という出版社は、著書の日本語は「卑語」でも出版可能という新しい風を、英語教育関係者の間に吹き込んだ（我が国の憲法21条は、「表現の自由」を保証している。従って、どのような内容であれ、出版社が承諾すれば、著書は完成する）。

　長年持ち続けていた筆者の、「論文や著書は自然な日本語で」は、壊れてしまった。人間が他の動物と異なる点は、「言葉を持ち、礼儀を知っている」。このことを知らない大学教授が、おられるらしい。

　林彦一著『文化人・教育者　英語学者との対決』の表紙には

　　　人間性に飢えた１．５流の弧剣が舞う！

更に「帯文」には

　　全身に殺気をみなぎらせている
　　と理事長に言わせた男
　　「真剣」が必要なのは剣の世界だけではない

とある。
　筆者と同じ大学で英語を専攻し、若手高校英語科教員のY氏はこれを見て
　　　出版社が時代劇小説の表紙と間違えたのでは
と、呟いた。

　我々は、日本という民主主義国家の中で、平成という時代に生きている。しかしながら、我が国には、「士・農・工・商」という身分制度が存在した、封建主義社会が過去にあった。その中で、「武士」として生きたいという願望が余りにも強い大学教授と、大学の最高経営責任者（理事長）がいた（封建社会では、誰もが「武士」として生きたいだろう）。
　そのため2人の頭の中は、民主主義社会と封建主義社会が交錯する、錯乱状態になってしまった。人は抑圧されると、反動が現れる。長い間抑圧されてきた大学教授と大学の最高経営責任者が、その反動により、民主主義社会と封建主義社会が二重写しになった夢の中で、武

士になりすまし、他人（木本）を剣で切ったつもりになった。ところが実際は（？）。

　もし筆者が在職中、普通高校で、3年生のホームルーム担任だったとする。ホームルームに、大阪樟蔭女子大学への進学を希望する生徒がいたら、「待った」をかける。まず、林教授の筆者への「反論」の個所を、コピーして渡す。次に、「民主主義と封建主義が錯乱する教育が、行われているらしい（？）」ことを、説明する。
　このような手順をとるのは、「普通高校3年生のホームルーム担任としての義務」だと、筆者は考えるからである。それでも、大阪樟蔭女子大学への進学を希望するなら、それでよい。
　林彦一著『文化人・教育者　英語学者との対決』は、まだ次の数十年間は存在するだろう。文部科学省はどのように事実確認をし、対処するのだろうか。もしこれを放置するなら

　　　文部科学省と大阪樟蔭女子大学との
　　「馴れ合いと堕落、そのうえ無責任で恥知らず」

は、免れないだろう。

（3）

　トルーマン著『回顧録』、チャーチル著『第2次世界大戦』を読まずに（？）、「広島・長崎への原子爆弾投下」に関する一方的な解説を、朝日新聞（西部本社版）に掲載した、木村朗鹿児島大学教授（当時）。

　2014年4月9日、小保方晴子（当時理化学研究所）研究ユニット・リーダーは、涙の記者会見で

　　STAP細胞は、200回以上実験で成功している。

と、発言した。
　しかしながら、同年12月19日、「STAP細胞は存在しなかった」と、テレビで報道された。そして後に、「国際的な信用失墜」ということで、小保方晴子氏は、懲戒免職処分になったことが、知らされた。
　ところが、「国内的な信用失墜」に関しては、ほとんど報道されない。筆者に関わったことの例を、あげてみる。
　朝日新聞（西部本社版）は、2007年7月23日、8月6日、19日付の朝刊で、「広島・長崎への原子爆弾投下」に関する、特集記事を掲載した。
　筆者はそれまでに

Harry S. Truman 著 *Memoirs by Harry S. Truman*
(Vol. I ; N.Y. : Doubleday & Co., 1955.)

Winston S. Churchill 著 *The Second World War*
(Abridged one-vol. edi. ; London : Cassell & Co., 1989.)

Margaret Truman 著 *Harry S. Truman*
(N. Y. : Pocket Books, 1974.)

を読み終え、個人研究としての「広島・長崎への原子爆弾投下の過程」を、完成していた。

 ところが、朝日新聞に掲載された内容とは、大きく異なっていた。そのことを拙著『反論』と、『再び広島・長崎への原子爆弾投下の過程を検証する』（2010年9月と2013年6月、いずれも鳥影社刊）の中で、問題点として指摘した。

 8月19日付の朝日新聞記事には、執筆者として木村朗鹿児島大学法文学部教授の顔写真が掲載されていた。筆者は拙著『反論』と『再び広島・長崎への原子爆弾投下の過程を検証する』を、執筆者の代表として、木村教授へ、「回答をお願いするための贈呈本」と記し、2013年8月12日付レターパックで郵送した。

 8月17日、木村教授から「受け取り」の連絡と、「回答する」という電話があったにもかかわらず、その後何の連絡もない（2015年8月31日現在）。

筆者は拙著『反論』と『再び広島・長崎への原子爆弾投下の過程を検証する』の中で、「問題点を指摘する」と表現した。それは、筆者の考えや意見を、木村教授からの回答によって、修正する余地を残したためである。
　しかしながら、「回答しない」というのであれば、以下の上段にある朝日新聞記事内容を、下段の筆者の解釈に、修正せざるをえない。

　1945年8月6日、広島、同年8月9日、長崎への原子爆弾投下に関して

　1

> 　前任のルーズベルトの急死を受けてトルーマンが同年4月に大統領職を引き受ける前から開発した原爆を投下することは既定路線だった。
> 　トルーマン政権の中枢には、いまさら投下に疑問を挟む者はいなかった。
> 　　　　　　　　　　　　2007年8月6日付朝刊

↓

> 　トルーマン大統領が原爆の開発計画を知ったのは、ローズベルト大統領急死の後、大統領として宣誓を済ませた直後だった。スティムソン陸軍長官を

I 日本英語教育悲史

初めとする数人の軍人からの、「原爆投下反対」にもかかわらず、投下を決定した。

その理由として、「ヤルタ協定」で、ナチスドイツから解放した東ヨーロッパの国々は、普通選挙によって新しい政府を樹立することになっていた。ところが、スターリン書記長はこれを無視し、「親ソ連政権」を次々に打ち立てた。

これを見たトルーマン大統領は、「日本の占領と統治はアメリカ合衆国単独」を、決心した。

そして、ソ連の対日参戦の日（8月9日）が近づき、投下の予定日をその前に決定、命令した。

2

原爆投下の真の目的は、降伏間近な日本に対し、2種類の原爆という新型兵器の威力を試す人体実験だった。

長崎への投下は、実験的な意味合いがより大きい。

2007年8月19日付朝刊

↓

論理的根拠（引用元）が必要

3

> 米側「終戦早め米兵100万人救った」。100万人説が水ぶくれの数字であることはもはや明らかだ。
> 　　　　　　　　　　　　　2007年7月23日付朝刊

↓

> 「日本侵攻作戦による米軍の犠牲者数」の見積もりは
> 　トルーマン・アメリカ合衆国大統領→25万人
> 　マーシャル・アメリカ合衆国陸軍大将
> 　　　　　　　　　　　　　　→50万人
> 　　　　　　　『トルーマン回顧録』より
>
> 　チャーチル・イギリス首相→100万人
> 　　　　　　　　『第2次世界大戦』より
>
> 「水ぶくれの数字」とは（？）

4

> 　米国は、広島の1発目の威力を見定める時間もおかず、長崎に2発目を投下している。
> 　政府は10日、国体護持（天皇制の維持）だけを

条件とした宣言受託を、連合国側に通告した。米国は国体護持の確約を拒んだ。本土への空爆も緩めなかった。

2007年8月6日付朝刊

　日本の無条件降伏を求める「ポツダム宣言」が発表された（7月26日）後、鈴木貫太郎内閣は、「黙殺」と「戦闘継続」を決定・発表した（7月28日）。
　米軍は空襲の対象となる都市にビラで警告し（7月27日、さらには31日）、空襲は一層激化した。
　8月5日の最後の警告は、「米軍機による数百万枚におよぶビラの投下」、だったとされる。
「多数のビラ投下」は、8月6日、広島への原爆投下の後にも行われたが、日本政府は「ポツダム宣言」を、受け入れなかった。
　8月6日、広島への原爆投下後、8月7日、8日も爆撃は継続され、「2日間の猶予」の後、8月9日、長崎への原爆投下となった。
　8月10日、日本は「ポツダム宣言受託」を発表。「天皇制の維持」は、トルーマン大統領にとっては、受け入れることはできなかった。しかし、「連合国総司令官のもとで」ということで、8月14日、「日本の無条件降伏」を発表した。

5

> 　日本のどこに原爆を落とすか。……爆弾が最大限の威力を示すことができ、心理的にも大きな影響を与えられる場所。「重要な軍需工場があって、周囲に住宅がかたまっている」。「これまでの空爆で損傷を受けていない」ことなどが考慮された。
> 　　　　　　　　　　　　　　2007年8月6日付朝刊

↓

> 「原爆の投下」を
> 　「重要な軍需工場があって、周囲に住宅がかたまっているところ」
> と、するのと
> 　「軍事目標」(『トルーマン回顧録』)
> とは、同じではなかろう。

　筆者が小学生のころ、菊田一夫作NHK連続ラジオ放送番組『君の名は』が、女性の間でとても人気だった。番組が放送される午後8時ぐらいになると、銭湯の女湯が空になったと、言われたほどだった。
　その『君の名は』は、後に佐田啓二さん(俳優の中井

I 日本英語教育悲史

貴一さんのお父さん）と岸恵子さん主演で、映画化された。そしてその主題歌を、織井茂子さんが歌った。
　主題歌には、以下のようなセリフがあった。

　　忘却とは忘れ去ることなり。
　　忘れえずして、忘却を誓う心の悲しさよ。

これを筆者は

「広島・長崎への原爆投下」に言及する時は
『トルーマン回顧録』は不可欠なり。
『トルーマン回顧録』を読まずして
「広島・長崎への原爆投下」に言及する心の悲しさよ。

とした。
　そして、思わず

　　　　「これが、鹿児島大学法文学部教授会の
　　　　　　　知的水準だろう」

と、推測してしまった。

4．現代版英語教育の悲劇

この日本語レベルで放送受信料を徴収する厚かましさ（？）
　放送用英単語を「カタカナ語」に変え、
　日本語感覚で用いるNHKの番組担当者

　大学3年次、河上道生先生（当時教授）担当の「英語科教育法」を受講中、筆者はいちばん前の席にいた。その時先生から、「木本君、"roommate"を日本語にすると、どうなるかね」という質問があった。筆者は咄嗟に、「同居者ですか」と、全く自信なく答えた。
　先生は少しニンマリしただけで、いいとも悪いとも仰らなかった。これ以来、筆者はカタカナ語に、特別注意を払うようになった。そして
　　　　なるべくカタカナ語は使用しない
ことにした。後に自覚したことだが
　　　　カタカナ語を使用すれば、日本語は乱れる
ことにも気づいた。
　我が国の高校進学率は90パーセントを越える。言い変えれば、国民の90パーセント以上は、外国語としての英語学習経験が6年にも及ぶ。その結果、当然英和中辞典を所持している。
　それ故に（と筆者は考える）、いとも簡単に、英単語

をカタカナ語に変えて、日本語感覚で用いる。その最も典型的な例が、NHKの番組担当者で、「やたらとカタカナ語を用いる」。その中の、英語への理解度不足から生じる、問題点を指摘する。

I 日本英語教育悲史

（1）「アナウンサー」

NHKの番組担当者が用いるカタカナ語の問題点については、すでに前著『「英語と日本語」再考』の中で、指摘した。しかしながら、「アナウンサー (announcer)」については再度取り上げ、角度を変えて、その問題点を指摘する。

テレビ番組担当者が、自分で自分自身のことを視聴者に向かって

　　　　　　アナウンサーの〜です。

また、ラジオ番組の担当者が聴取者に

　　　　○時のニュースは〜アナウンサー。

と言う。

テレビ・ラジオ番組を、「アナウンサー」以外のどのような職種の方が、担当するのだろうか。「アナウンサー」というのは、テレビ・ラジオ番組全ての担当者にあてはまる、総称ではなかろうか（研究社の『リーダーズ英和辞典』は、"announcer" の日本語訳を「放送員」としている）。

筆者は高校の英語科教員として、30年間勤務した。学年当初学習者（高校生）に向かって

　　　今年、皆さんの「英語Ⅰ」を担当します木本です。

とは言うが

　　　今年、皆さんの「英語Ⅰ」を担当します<u>教員の木本</u>

です。
<u>とは言わない。</u>

その理由は、公立の教育機関で正課授業を担当できるのは、管轄の教育委員会が採用した教員免許所持者のみである（私立の教育機関の場合は、その機関が採用した教員免許所持者）。

従って、なぜテレビ・ラジオ番組の視聴者に向かって、番組の担当者が

　　　　　アナウンサーの〜です。

と言わなければならないのか、不思議である。

　さらに

　　　　　<u>番組担当者名＋アナウンサー</u>

とは通常しない。

　筆者は小学6年生の時、父親に連れられて、北九州市小倉北区にあった小倉球場（現在は北九州市民球場）に、プロ野球の試合を見に行った。対戦カードは、パリーグの「西鉄ライオンズ対大毎オリオンズ」だった。

　当時西鉄ライオンズは黄金時代。後攻の西鉄ライオンズが1回表の守備につくと、以下のような場内アナウンスがあった。

　　　　　ピッチャー (pitcher) は稲尾
　　　　　キャッチャー (catcher) は和田
　　　　　ファースト (first baseman) （は）河野
　　　　　セカンド (second baseman) （は）仰木

サード (third baseman)（は）中西
　　　ショート (shortstop)（は）豊田
　　　外野はレフト (left fielder)（は）関口
　　　センター (center fielder)（は）高倉
　　　ライト (right fielder)（は）大下
1回裏の西鉄ライオンズのバッター順は
　　　　1番センター ── 高倉
　　　　2番ショート ── 豊田
　　　　3番サード ── 中西
　　　　4番ライト ── 大下
　　　　5番レフト ── 関口
　　　　6番セカンド ── 仰木
　　　　7番ファースト ── 河野
　　　　8番キャッチャー ── 和田
　ラストバッターは、ピッチャー ── 稲尾
（約60年前のことだから、選手名に誤りがあったら、お許し願う）
　この時筆者は
　　　　　稲尾＋ピッチャー
　　　　　和田＋キャッチャー
とはしないことに気づいた。後に理解したことだが
　　　　　日本人名＋カタカナポジション名
にすると、「日本人名の座りが悪い」からではないかと、推測した。

テレビ・ラジオの番組担当者は

総　称 アナウンサー (announcer) →　放送員
専門別に細分化 アンカー (anchor) →　(総合) 司会者 キャスター (newscaster) → (ニュース番組) 担当者

となる。このことを理解するために、次の例を見てみよう。

　アメリカ合衆国の法曹界で活躍するのは、「弁護士」。

総　称 lawyer
①専門別に分類 法廷弁護士→ counselor 事務弁護士→ attorney
②専門別に分類 刑事法→ criminal lawyer

I 日本英語教育悲史

> 憲法 → constitutional lawyer
> 会社法 → corporate lawyer

となる。

(2)「カタカナ語」

「おかしなカタカナ語」

①チョイスをする

　Eテレ土曜日夕方8時から45分間の番組は、『病気になった時ⓐチョイス』。この番組の中で、病気になった時、幾つかの治療法の中から、患者が最も自分に適したものを選択することを
　　　　　「チョイスをする」
という。
『ライトハウス英和辞典』(研究社) によれば
　　　　選ぶ、選択する→ make a choice
となっており

　　You must make a careful choice of occupations.
　　　(職業は慎重に選ばなければならない)
という例文がある。

②メニュー

　ラジオ第 1 放送、朝 5 時から 8 時まで、『ラジオ朝一番』の土曜日と日曜日を担当した古谷敏郎氏（2015 年 3 月まで）は

「5（あるいは 6）時台のメニューをご紹介しましょう」

と、言っていた。"menu" の日本語訳は
　1）献立表、メニュー
　2）食事、料理
　3）【電算機】メニュー
　　《ディスプレーに表示されるプログラムの一覧表》
　　　　　　『ライトハウス英和辞典』（研究社）
である。どの意味から、「ラジオ番組予定」となるのだろうか。

③ラインアップ

　E テレ番組『きょうの健康』（筆者は、翌週月〜木曜日 13:35~13:50 の時間帯での、再放送を視聴している）担当の桜井洋子氏は
　　　　「今週のラインアップをご紹介します」
と言う。

ラインアップ（lineup）というのを、辞書で確かめると

    1）人の列、整列、配列
    2）顔ぶれ、陣容
    3）テレビ番組表
    4）警察の面通し
    5）一連の出来事
   『ライトハウス英和辞典』（研究社）

おそらく3）の意味で用いているのだと思うが、これは

 「今週の放送内容予定（月〜木曜日）を、
    お知らせします」

と、言えるのではなかろうか。

「理解できないカタカナ語」

朝5時少し前にラジオ第1放送をかけると、次の「ラジオ深夜便」の内容予告がある（その日の午後11時過ぎから翌朝の5時まで）。次のような「カタカナ語」は、どのような意味だろうか。

2015年2月より8月までの分を、見てみよう。

担当者	問題のカタカナ語
明石勇	3/30（月）「ミッドナイトトーク」 　　　　　→ "midnight talk"（？） 4/6（月）「プロナチュラリスト」 　　　　　→ "pro-naturalist"（？） 7/6（月）「列島インタービュー」 　　　　　→「列島 + interview」が可能（？）
遠藤ふきこ	2/3（火）「ビンテージポップス」 　　　　　→ "vintage pops"（？） 3/3（火）「ビンテージロック」 　　　　　→ "vintage rock"（？） 　楽器の "violin" は馴染みの語であるから、「バイオリン」と発音しても、他のものと混同することはない。しかしながら、"vintage" の場合は "bintage" ではないから、このふたつの音は、区別する必要がある。英語の "b" 音と "v" 音の区別は、中学1年次に学習しているはず。区別できなければ、用いるべきではない。 　ついでに、"singer" の、下線部の発音ができないのでは（？） 6/30（火）「リタイア盲導犬」 　　　　　→「retire + 盲導犬」が可能（？）

川野一宇	7/2（木）「さまざまな形でトークをくりひろげる……」 8/6（木）「アンカーを囲む集い」で、〜アンカーと〜アンカーによるトーク。 日本語放送番組担当のプロとして、失格では（？）
後藤繁榮	5/3（日）「ナイトガイド」 　　　　　→"night guide"（？） NHKを訪れる夜間見学者の案内係（？） 8/2（日）「アンカーによる朗読」 "anchor"（会議司会者あるいは総合司会者）が、なぜ「朗読」を担当するのだろうか（？）
須磨加津江	4/22（水）「安全インストラクター」 　　　　　→「安全 + instructor」が可能（？） 7/1（水）「リラックスサウンド」 　　　　　→"relax sound"（？） 7/22（水）「アート交友録」 　　　　　→「art + 交友録」が可能（？） この場合、"art" の意味は「芸術」という広い意味（？）、それとも「美術」という狭い意味（？）

松本一路	7/24（金）「ミッドナイトオペラ」 　　　　　→ "midnight opera"（？） 8/14（金）「アドベンチャーランナー」 　　　　　→adventure runner（？） 「戦争・平和インタビュー」 →「戦争・平和＋interview」が可能（？） 7/10（金）「共演世界のアーティスト」 この場合の "art" は、「音楽」という意味（？） 担当番組の終わりに、次の５時から始まる第１放送番組「マイあさラジオ」と、その担当者を紹介する。同じ番組を担当する男性の方は、「〜アナウンサー」、女性の方は「〜さん」と、異なる言い方をするのはなぜだろうか（性差別主義者）（？）
迎康子	4/25（土）　「アダルトロック」 　　　　　→ "adult rock"（？） 　　　　　大人向けのロック（？） 話している日本文の終わりが、「〜でした」の時、妙な癖がある。しかも、短時間のうちに何度も繰り返す。一度自分の担当した番組を録音して、聞いてみる必要があるのでは（？）

村上里和	5/13（水）「キャンピングカー 　　　　　　　ジャーナリスト」 　　　　→"camping-car journalist"（？） 5/27（水）「フードジャーナリスト」 　　　　→"food journalist"（？） 中学校1年次に学習する英単語"mu<u>s</u>ic"の、下線部の発音ができないのでは（？）
森田美由紀	4/26（日）「アートディレクター」 　　　　→"art-director"（？） 7/26（日）「スポーツジャーナリスト」 　　　　→"sports journalist"（？） 8/9（日）「アンカー朗読シリーズ 　　　　朗読は石澤典夫アンカー」 なぜ"anchor"（会議司会者、総合司会者）が、朗読を担当するのだろうか（？）

　「外国語としての英語」を、一度でも「コミュニケーションの手段」として学習した経験があれば、このような「カタカナ語」は、決して用いない。なぜなら、英語を読み・話す際、英単語のカタカナ語は使えないからである。おそらく「入試のための英語学習」しか、経験がないのだろう。
　かつて、「英語発音に関する知識が全くない」にもか

かわらず、「英語発音に関する知識がある」と、みせかけるようなカタカナ語の発音をする、ラジオ番組担当者がNHKにいた。筆者はすぐにそのことを見破った。

　「聴取者が少しでも聞き取り易いように」という配慮があれば、以下のような「英日あるいは日英単語結合形（？）」を、用いることはなかろう。

「アート交友録」→「art + 交友録」（？）
「リタイア盲導犬」→「retire + 盲導犬」（？）
「列島インタビュー」→「列島 + interview」（？）
「安全インストラクター」→「安全 + instructor」（？）
「戦争・平和インタビュー」
　　　　　　　　→「戦争・平和 + interview」（？）

　「ラジオ深夜便」番組担当者のひとり石澤典夫氏は、ほぼ毎回番組の終わりに
　　　「今日も穏やかな1日になりますように」
と言う。
　同じように村上里和氏も
「今日も穏やかな、優しい1日が訪れますように」
と言う。
　この「ラジオ深夜便」番組というのは

　　　　退職者、あるいは残りの人生が
　　　　少なくなった人々のための番組

だろうか（？）。

　今振り返ると、高校英語科教員として30年間在職した筆者に、「穏やかな、あるいは優しい1日」は、なかったような気がする。

　筆者の「理想とする英語教育像」の前に立ちはだかったのは、福岡県教育委員会が任命した管理職（責務のひとつは、英語科教員を、入試英語教育に専念するように仕向けることだったのでは？）のみならず、数十人の福岡県高等学校教職員組合員（自分達の「怠け」を正当化するための団体の、構成員だったのでは？）からなる職場。

　そのような環境の中で、「自分の言葉と論理で、英語教育に関する正規戦が可能となるのは、退職後」と、自分自身に言い聞かせた。そしてその時までは、引き延ばし作戦で、「予備戦」にすることにした。このような日々が、「穏やかな、あるいは優しい1日」に、なるはずがない。

　筆者とは異なる職場でも、現役の方々の毎日は、「穏やかな、あるいは優しい1日」ではないだろう。「穏やかな、あるいは優しい1日」を過ごすことができるのは、NHKラジオ第1放送番組「ラジオ深夜便」担当者を含む、少数の方々だろう。

　「ラジオ深夜便」番組担当者による「外国語教育への

被害」は、今や「英語教育」のみならず、その他の外国語教育にまで及んでいる。以下そのことを指摘する。

① 一度放送した番組を、再び放送することがある。このような時、「マイあさラジオ」番組担当者は、「再放送」と言う。ところが「ラジオ深夜便」担当者は、「アンコール放送」と言う。

　「アンコール」というのは、仏語の "encore" のことだと思われる。"encore" の箇所は、[ã] という「鼻母音」で、日本語の「アンコール」で表記できるほど、易しい音ではない。

　日本語を話す流れの中で、「アンコール放送」と「再放送」のどちらを用いる方が、「自然な日本語」になるかも、考えないらしい。

② おそらく英語の "romantic" の意味だと思われるが、住田功一氏以外は、これを「ロマンチック」と、発音する。

　伊語では、「ti」音を「チ」と発音しては、(絶対に)いけない。その理由は

romantico（女性形は -ca）（英語の romantic）

と

　　　　　　città（英語の city）
　　　　　　certo（英語の certain）

を<u>区別しなければならない</u>からである。

（3）「日本語感覚」

　Eテレ番組『きょうの健康』で、2015年3月まで、時々寺澤敏行氏が担当した。寺澤氏は2倍くらいの年齢の医療関係専門家を、15分間の番組中、数回「〜さん」と、呼びかけた。しかも話す時、相手の目を見ていたのだろうか（筆者は、日本語のみならず英語を話す時は、相手の目を見て話すことを、高校生の時に学んだ）。
　2015年4月から同じ番組を、桜井洋子氏が担当している。桜井氏は番組の冒頭で、医療関係専門家を紹介する時、「〜さん」と言う。例えば

　　お話しして頂きますのは、〜大学医学部教授の
　　　（医療関係専門家の氏名）さん。

筆者なら

　　今週取りあげます（例えば糖尿病）の症状、診断、
　　治療について、（医療関係専門家の氏名）〜大学（院）
　　医学部教授に、説明（あるいは解説）をお願いします。

と言う。
　桜井氏は、その番組にゲスト出演している芸能関係者が、「〜先生」と言っていることにも気づかない、「日本

語鈍覚者」。

　2015年4月より、ラジオ第1放送朝5時からの番組名が、『マイあさラジオ』となり、新しく担当になった加藤成史、大久保彰絵両氏は
　　　　　8時までおつき合い下さい。
と言う（筆者なら、「8時まで、NHKのラジオ番組をお楽しみ下さい」と言う）。この「つき合う」という意味は
　（おそらく）面会したこともない両氏の声を、聴取者がラジオで聞く。そのうちの何人かが、番組の感想、自分の近況等をメール、ファックス、封書等でNHKに送る。そしてそのうちの幾つかを、両氏が放送中に読む。
ことらしい。
　他方、筆者の「つき合う」というのは

　顔見知りの相手と雑談したり、一緒に食事をする。また慶弔時に関しては、「お喜び」や「お悔やみ」の言葉を伝える。その他、暑中見舞いや年賀状の交換をする。

　隔週で同じ番組を担当する野村優夫、小倉実華両氏は
　　　　　8時までお伝えしていきます。
と言う。筆者はこの日本語を聞く度に

I 日本英語教育悲史

　　8時までお伝えして（それから）<u>逝きます</u>。

と解釈して、笑っている（「逝く」というのは、正確には「ゆく」と読むらしいが、筆者の住む地域では、これを「いく」と読む人が多い。地名の「行橋」は、正確には「ゆくはし」らしいが、多くの人達は「いくはし」と、読んでいる）。
　　　　8時まで<u>お伝えします</u>。
と言えば、何の問題点もないにもかかわらず、小倉氏はなぜわざわざ
　　　8時まで<u>お伝えしていきます</u>。
と、言うのだろうか（？）。話は少しそれるが、小倉氏に関する問題点を、もうひとつ指摘する。

　『マイあさラジオ』は、朝5時から8時までの3時間番組。それはさらに、幾つかの番組によって構成されている。番組と番組の間は、おそらく時間調整のためだと思われるが、歌が流れる。

　歌っている歌手名と曲名を紹介する時、日本語の場合は問題ない。ところが、日本語以外（おそらく英語だと思われる）の場合は、原語の見当もつかないほど、カタカナ語の発音がひどい。曲名くらいの長さの英・独・仏・西・伊語であれば、筆者はカタカナ語を聞いて、原語に変える。高校英語科教員として30年の在職経験を持つ筆者は、「小倉氏のカタカナ語は、英語学習経験ほぼゼ

ロに等しい」と、判断した。
　一般の人々は、どのような英語学習経験を持っていても、そのことを他人に伝えない限り、他人が知ることはない。しかしながら、放送番組担当者の場合は、ほぼ毎日聴取者に伝わっている。
　今の時代、日本語放送番組の担当者であっても、英単語のみならず、短めの英文であれば、英語を母国語とする人々が、すんなり受け入れることができるような発音をすることは、不可欠である。
　小倉氏はまさに

「ＮＨＫの恥知らず」のみならず
　「我が国における英語教育の恥」を代表する
　　　放送番組担当者

　小倉実華氏とコンビを組む野村優夫氏は、「放送番組担当者の役割」を、ご存知だろうか（？）。
　2015年8月10日(月)、朝5時35分位から始まる『健康ライフ』の内容、「夜間頻尿の原因を知ろう」について、泌尿器科の専門医に

　　夜間頻尿には、3つのタイプがあるそうですね。

で始めた。

I　日本英語教育悲史

　同様に、2015年8月24日（月）も、「依存症」について、専門医に

　　アルコール依存症の数が増えているそうですね。
　　禁酒、断酒のための薬があるそうですね。

と言った。
　筆者は在職中、11年間放送部の助言をした。福岡県立N高校の放送部員でさえ、毎年6月に行われる文化祭の校内模擬放送で、卒業生（3月に卒業）にインタビューする時は、例えば

　　放送部員：在学中、陸上部で活躍し、3年次北九州大
　　　　　　　会の400メートルで、優勝したそうですね。
　　卒業生　：そうです。

とは言わない。面倒でも

　　放送部員：在学中、部活動に所属していましたか？
　　卒業生　：はい、陸上部です。
　　放送部員：得意の種目は何でしたか？
　　卒業生　：400メートルです。
　　放送部員：どのような記録を残しましたか？
　　卒業生　：3年次、北九州大会で優勝しました。

という順序をとる。

　従って、『健康ライフ』という番組で、「夜間頻尿の原因を知ろう」に関する、泌尿器科医とのインタビューは

　　番組担当者：「夜間頻尿」というのは、どのような
　　　　　　　　症状でしょうか？
　　泌尿器科医：病状の説明
　　番組担当者：それでは、幾つかのタイプに分けられ
　　　　　　　　るのでしょうか？
　　泌尿器科医：３つのタイプに分けられます。

というような、流れになるのではなかろうか。

　その理由は、校内模擬放送の場合、在校生のみならず保護者も見学している。在学中、陸上部員として顕著な活躍をした卒業生の経歴は、放送部員より、本人から話してもらった方が、信頼性が高い。

　同様に、医療に関する情報は、放送番組担当者より、医療関係の専門家による説明の方が、聴取者にとってより信頼性が高くなる。

　Ｅテレ番組『きょうの健康』を担当する桜井洋子氏も、野村氏とほぼ同じように、番組を進める。ついでにその例も、見てみよう。

　番組では、その週に取りあげる「病名」と、それを４回（月〜木）に分けて解説する予定の内容を、月曜日の

番組の冒頭で紹介する。その後、説明（解説）する医療関係の専門家に向かって、例えば「糖尿病」の場合
　「糖尿病の患者数は、増えているのでしょうか」
と、まるで「誘導尋問」で、始める。説明（解説）する医療関係の専門家の「増えています」を、予想していることが、視聴者にはっきり分かる。従って

　糖尿病患者数の推移について、説明して下さい。

と言って、本論に入るのが自然だろう。
　NHKの放送番組担当者には、おそらく理解できないことだろうが、参考になる例をあげよう。衛星第1テレビ番組『PBS NEWSHOUR』で、担当者の" Ms. Gwen Ifill "や" Ms. Judy Woodruff "が、アメリカ国民にとって重要と思われる問題について、専門家を招いて話し始める時は（日本語にすればおそらく）

　Tell me ~. → 〜について説明して下さい。
　Help me understand ~. → 〜はどのように
　　　　　　　　　　　　　　　　解釈するのでしょうか。

となるだろう。

「理解できない日本語」

　朝5時少し前、ラジオ第1放送をかけると、次の番組の内容予告がある。
　ラジオFM放送の朝5時からの番組は
　　　　　　　土曜日 → 邦楽ジョッキー
　　　　　　　日曜日 → 邦楽100番
　　　　　　　月曜日 → 日本の民謡
は理解できるが
　火曜日〜金曜日は、何と言っているのか理解できない。

　筆者は70年以上日本語を母国語としてきた。しかしながら、ラジオFM放送火曜日〜金曜日の朝5時からの番組名は、何と言っているのか理解できない。
　その他、「ラジオ深夜便」の中にでてくる「ヨーロッパの音楽家や曲名のカタカナ語」ほ、とんど理解できない(筆者は、英語、独語、仏語、西語、伊語であれば、主に冠詞、形容詞、名詞、それに動詞をきちんと発音してくれれば、理解できる)。

　2014年2月、NHK会長の公共性を欠く発言が問題になった(国会で取り上げられた)。筆者は既に自著『「英語と日本語」再考』(2014年2月鳥影社刊)で、NHKのテレビ・ラジオ番組担当者の用いる日本語の問題点を、指摘していた。

I 日本英語教育悲史

　それで、2014年3月3日付で、『「英語と日本語」再考』1冊をNHK放送センターに郵送し、回答をお願いした。ところが、受け取った返信の内容は以下の文面だった。

拝啓
　時下ますますご清祥のこととお喜び申し上げます。
　平素は、NHKの事業につきまして、ご理解とご協力を賜り、厚くお礼申し上げます。
　さて、このたびは、下記の刊行書をご恵贈くださいまして、誠にありがとうございます。貴重な資料として、当協会で活用させていただきます。
　今後ともよろしくお願い申し上げます。
　　　　　　　　　　　　　　　　敬具
　　　　　記
『「英語と日本語」再考』
〒150-8001　東京都渋谷区神南2-2-1
NHK知財展開センター（アーカイブス）図書G
　　　　tel（代表）03-3465-1111

回答を求め、再度3月9日付で連絡したところ

> 拝啓
>
> 　時下ますますご清祥のこととお喜び申し上げます。
>
> 　その節は、貴重な著書『「英語と日本語」再考』を寄贈いただきありがとういございます。
>
> 　さて、お手紙をいただきました回答の件ですが、個々の著作物の内容について、NHKとしての見解を申し上げることは差し控えさせていただきます。
>
> 　今後も、NHKの放送・事業へのご理解・ご協力を賜りますようお願い申しあげます。
>
> 　　　　　　　　NHK知財展開センター
> 　　　　　　　　アーカイブス図書担当
> 　　　　　　　　岡田多行
> 　　　　　　　　03 - 5455 - 4387

筆者はこの文面を読み、啞然とした。なぜなら

　放送受信料を支払っている者が、放送受信料を徴収している者へ、放送内容に関することを問い合わせ、回答できないことなど、ないはず。

と、考えるからである。むしろ「回答できないなど恥ず

かしくてできない」と、言えるだろう。

　ある製品を購入した消費者が、その製品について、製造元へ問い合わせをしたと、仮定する。「回答を差し控える」などと言えば、消費者はその製造元の製品を、2度と購入することはないだろう。

　NHKは以下の例を、どのように考えるのだろうか。

　筆者は、近くにある大型食料品店を、よく利用する。そこでは、出入り口に近い所に、かなり大きな、「お客様の声お返事公開ボード」というものがある。そして、顧客からの「ご要望、おしかり、おほめ」と分類し、店長が丁寧に回答したものを、貼付している。

NHKは「日本放送協会」という、我が国を代表するような放送局名を用いている。従って筆者は、「国民的課題」として、問題提起をした。それに対して回答しないという（民間企業でさえ実行していることを）ことは、民主主義の原点を、否定しているということだろう。

　我が国では、高校進学率は90パーセント、大学進学率は30パーセントを、それぞれ超える。GDP（国内総生産）の値は、アメリカ合衆国、中国に次いで世界第3位。しかも、G7（主要七ヶ国）のメンバーである。NHKは、このような事実も無視し、「封建主義的」な経営方針を継続するのだろう。

個々の著作物の内容について、NHKとしての見解を申し上げることは差し控えさせていただきます。

ということは
　　　　　①見解はあるが、発表しない
　　　　　②見解そのものがない
のどちらの意味だろうか。

　アメリカ合衆国の連邦議会には、上・下両院共幾つもの委員会がおかれている。アメリカ国民にとって、重要な問題が発生した場合、委員会の委員長は関係者の出席を求め、公聴会を開く。関係者は宣誓して、委員会のメンバーである議員の質問に、答えなければならない。
　PBS放送も同様に、アメリカ国民にとって重要な問題について、関係者をスタジオに招き、番組担当者は質疑応答をしている。もし関係者が出演を断った場合は、「どのような不利な推測をされても、仕方がない」と、される。
　NHKは筆者の問い合わせに回答しないので

　　　　　　②見解そのものがない

と判断し、話を進める。
　筆者は自著『「英語と日本語」再考』の中で、「NHK番組担当者の用いる日本語の問題点」を、指摘した。「問

題点」としたのは、NHKからの回答により、筆者の考えや意見を訂正する余地を、残したためである。

　ところが、「NHKの見解がない」とするならば、筆者の考えや意見に基づく判断を、せざるをえない。そのようにすれば

① 　番組担当者が母国語である日本語を話したり、読んだりするのは、変化に乏しい。従って、英単語をカタカナ語にしたものを、日本語感覚で用いる。また、番組担当者には、英単語をカタカナ語にしたものを、必要ないところにくっつける（「アナウンサーやアンカー」のようなカタカナ語を、英単語の綴り字に直し、辞書でその意味を確かめるような視聴者はいないだろうという、「視聴者蔑視」が窺える）。

となる。

　しかも放送用英単語は、以下のように、「おかしな解釈」をしていることは、辞書の日本語訳と比較してみれば、明らかである。

announcer（アナウンサー）

辞書→放送員
NHK→「ニュース原稿、文学作品」の朗読担当者

anchor（アンカー）

辞書→総合司会者
NHK→「お喋り番組」の担当者

personality（パーソナリティ）
辞書→有名人、名士
NHK→「お喋り番組」担当者の相手役

caster（キャスター）
辞書→ニュース番組係
NHK→「ニュース原稿の朗読担当者」のみならず、「地方放送局からの話題提供者」

「辞書の日本語訳」は研究社の『リーダーズ英和辞典』

このような「おかしな解釈」は、筆者のみならず英語（教育）関係者なら、容易に気づく。従って、前著『「英語と日本語」再考』で指摘した

ラジオ第1放送に関する

『すっぴん（月〜金曜日、
　朝8時より午前中)』の
　アンカーの藤井彩子
　パーソナリティの〜

```
┌─────────────────────────────┐
│     『ラジオ深夜便』の       │
│     担当者名＋アンカー       │
├─────────────────────────────┤
│     『ニュース番組』の       │
│    担当者名＋アナウンサー    │
└─────────────────────────────┘
```

のように用いるのは、「誤用」と判断せざるをえない。

　日本人が、母国語である「日本語を話し、読む」ことに、なぜ「肩書き」を必要とするのだろうか。それほど肩書きが欲しいのならば、いっそのこと「ＮＨＫ認定の日本語博士」（客観性、信頼性、価値のない）を、ラジオ・テレビ番組担当者全員につければいい。

　さらに

② ＮＨＫは（おそらく）公開できないような採用試験を経て、ラジオ・テレビの番組担当者を起用しているのではなかろうか。そして番組担当者の用いる日本語に関しては、委せっきりにしている。

　筆者は自家用車を持たないので、近距離の往復には、路線バスを利用する。北九州市内で、バス路線を経営する「西鉄バス北九州」は、担当者が私服でバスに乗り込み、運転士の勤務状態を評価していると、聞いている。
　それでも、時々理解できないようなことがある。車内に流されるアナウンスは

車内事故防止のため、バスが止まってから、席をお立ち下さい。

と言う。それなら

　　車内事故防止のため、乗客が席についてから（満員でない場合）発車する。

かと思えば、そうでもない。
　先日、筆者はかなり沢山の手荷物を持って、バスに乗車した。ところが、席につかないうちに、バスは動き始めた。慌ててかなり大きな声で、「これだけ沢山の荷物を持っています。ちょっと待って下さい」と、言って、バスを止めてもらった。そして席に着いてから、「（発車）お願いします」と、言った。
　また

　　お客様にお願い致します。座席にお荷物を置かれますと、他のお客様のご迷惑になりますので、御遠慮下さい（「遠慮する」という動詞を、「否定」の意味で用いるのは、NHKと全く共通していることが分かり、笑ってしまった）。

という、車内アナウンスがある。

2人掛け用座席で、自分が座って1人分を占め、自分の手荷物を、もう1人用の座席に置かないことが、なぜ「遠慮する」ことになるのだろうか。
　筆者がバスを利用する時は、朝夕の通勤・通学の時間帯を避けている。空席が目立つバス車内で、このようなアナウンスが流されると空しい。なぜ言葉をもう少し、的確に用いないのだろうか。
　車内で立っている乗客がいるにのかかわらず、座席に自分の手荷物を置いて、2人分の座席を占有している乗客がいたら

　　立っているお客様がいますので、自分の手荷物は
　　自分の膝の上に置くように、お願いします。

で、充分ではなかろうか。
　NHKは、日本語の専門家に、番組担当者の日本語をチェックしてもらうようなことは、全く考えていないらしい。人は「恥」の意識を捨てれば、どのような無責任なことでもできる。NHKが日本語を用いてできることは、「お喋り」だけで、「読み・書き」はできないらしい。
　筆者は自著『「英語と日本語」再考』の中で、NHKの体質を「馴れ合いと堕落」と表現した。本書ではさらに「無責任で恥知らず」が加わった。従って筆者は今後、NHKの体質を

　「馴れ合いと堕落、そのうえ無責任で恥知らず」

と、することにした。このことは、やがて

NHK の放送受信料不払い運動
↓
NHK の民営化

に、発展するのではなかろうか（国鉄、郵政に続く民営化は、間違いなく NHK）。

　NHK は放送用英単語("announcer" や "anchor" など)を、どのように解釈して用いているのかも公表できず、カタカナ語に変えて、日本語感覚で用いている。このことは、我が国在住で英語を母国語とし、日本語を外国語とする方々の、「嘲笑のまと」だろう。
　NHK の決算と次年度予算は、毎年国会で承認されている。国会議員の方々は、NHK に関する限り、番組担当者の日本語には関心がなく、数字にしか注目しないらしい（我が国の膨大な国家財政の赤字を、承認してきた方々である。推測はできる）。
　国会議員の一人は、総務大臣として「ＮＨＫの放送事業を認可する」（ＮＨＫ放送協会定款第１章、４条、⑥）。その「大臣による認可」には

「大臣による日本語の恥の認可」

が含まれることを、お気づきにならない政治感覚らしい。まさに

　　　　総務大臣とNHKの
　「馴れ合いと堕落、そのうえ無責任で恥知らず」

　*本書執筆中の総務大臣は、奈良第2区選出の高市早苗自民党衆議院議員。

5．「日本英語教育悲史」の締め括り

　2015年4月30日、安倍晋三首相は、アメリカ合衆国連邦議会で英語による演説を行い、その一部がテレビで報道された。
　その少し前同じ場所で、イスラエルのネタニヤフ首相も、英語で演説を行っていた。その内容は

　　欧米がイランへの経済制裁を解除すれば、イランは核開発を発展させ、それはやがて、イスラエルにとって脅威となる。従って、イランへの経済制裁を解除しないように。

と、訴えたものだった。
　その英語は、英語を母国語とする人に劣らないくらい、流暢なものだった。
　英語を話し、読む場合
　　　　　① pronunciation →発音
　　　　　② intonation →抑揚、音調
　　　　　③ punctuation →句読法
に加えて、英語には
　　　　　「英語独特の流れ」
が求められる。

安倍首相の英語による演説は

　安全保障関連法案（New National Security Legislation）を成立させて、アメリカ合衆国との連帯強化

を、訴えたものだった。
　しかしながら、その英語を聞いて、筆者は

「英語と日本語の中間語」

ではないかと、錯覚した。
　安倍首相は本番前、何度も練習をしたことだろう。もし筆者が、首相に助言できる立場にあったなら

　演説は日本語で行い、前もって英訳したものを、同時通訳方式で読む。

ことを、進言する。
　筆者は専門家ではないが、安全保障関連法案は、我が国の憲法第9条と関わりがあるらしい。そのような内容であれば、細部まで「正確さ」が求められる。そのような正確さが表現できるのは、「母国語」しかない。そして英訳された場合に生ずる「ズレ」は、覚悟しなければならない。

II. 日本教育悲話

「馴れ合いと堕落、そのうえ無責任で恥知らず」は、今や英語教育関係者だけではない。そのことを見てみよう。

Ⅱ　日本教育悲話

1．これでも「大学レベル」（？）

（1）大学卒

　中学校時代の同級生Ｏ君は、大学で経済学を専攻。卒業後は福岡銀行（福岡県に本部がある地方銀行）に勤務し、管理職で退職した。
　筆者はそのＯ君に、最初の著書から完成する度に、ずっと郵送・贈呈してきた。5冊目の『反論』と7冊目の『再び広島・長崎への原子爆弾投下の過程を検証する』は、内容が継続しているので、2冊一緒に郵送した。
　受け取りの連絡はずっと電話だったが、なぜかこの時は、以下のような葉書だった。

> 受け取った。後日感想をお聞かせする。

（文面のまま）

　数日後、2人の友人と雑談をする機会があったので、この文面を笑い話のネタにした。筆者の孫娘は、現在小学4年生。お年玉を郵送すると

　　おじいちゃん、お年玉を受けとりました。ありがとうございました。

という文面の葉書がくる。

『反論』と『再び広島・長崎への原子爆弾投下の過程を検証する』を合わせた定価は3,000円。それに郵送料350円（当時）。それでも「受け取った」。

　そのうえ、「後日感想をお聞かせする」は、「感想は聞かせてもらっていない」。福岡銀行の管理職の「礼儀」は、この程度らしい。その場の見せかけを良くするために、実行する気もない言葉を使うのは、O君だけではない。

　宮城教育大学付属図書館へ、8冊目の著書『「英語と日本語」再考』を郵送・贈呈した後、以下のような受け取りの葉書が来た。

　拝啓　時下ますます御清栄のこととお慶び申し上げます。

　さて、このたびは下記の資料をご恵贈下さいまして厚くお礼申し上げます。永く当館に保存し学術研究の資料として利用に供したいと思います。

　なお、今後とも御刊行の節はよろしくご高配のほどお願い申しあげます。　　　　　　敬具

　　　　　　　　　　　平成26年3月18日
　　　　　記
『「英語と日本語」再考』
　〒980-0845 仙台市青葉区荒巻字青葉149
　　　　　　宮城教育大学付属図書館

> 電話：(022)214-3348（学術情報管理係）
> FAX：(022)214-3351

　「今後とも御刊行の節はよろしくご高配のほどお願い申しあげます」という個所があったので、残りの著書の郵送・寄贈希望有無の問い合わせをした。しかしながら、「返事はなかった」。

（2）大学付属図書館

　筆者は良き出版社との巡り会いによって、著書を9冊完成することができた。最初の4冊は、英語（教育）を内容とするもの。従って、英語関係学科のある我が国の大学付属図書館へ、「寄贈希望有無」の問い合わせをした。そして、文書で「希望有り」の連絡を受けた場合のみ、郵送・寄贈してきた。

　郵送の時、整理の都合上、必ず「受け取り」の連絡をするように、記している。著書4冊を郵送したが（2000年10月）、受け取りの連絡がなかったので、「電話をかけた」のは

　　福岡国際大学付属図書館

　当時はまだ、電話料金が現在のように安くはなかったので、これ以後は葉書を出すことにした。5冊目の著書を郵送した（2010年9月）にもかかわらず、受け取りの連絡がなかったので、葉書で連絡（2010年10月17日）

後、受け取りの連絡が来たのは
　　　　帝塚山大学付属図書館
　6冊目の著書を郵送した（2011年10月）にもかかわらず、受け取りの連絡がなかったので、葉書で連絡（2011年11月24日）後、受け取りの連絡が来たのは
　　　　愛知県立大学付属図書館
しかしながら、葉書の文面には、担当者の氏名はなかった。
　同じように、受け取りの連絡がなかったのは
　　　　上越教育大学付属図書館
「著書の郵送・寄贈希望の有無」問い合わせの後、「希望有り」の葉書を、確かに受けとった。そして『反論』と『再び広島・長崎への原子爆弾投下の過程を検証する』の2冊を、郵送した（2013年6月）。ところが、受け取りの連絡がないので、受け取っていない可能性があると思い、そのことを葉書で連絡した（2013年6月25日）。
　数日後、電話があり

　そちら（木本）からの郵便物は到着しているが、まだ開封していない。返送するのでしょうか。

との言葉には、まさに「開いた口が塞がらなかった」。筆者が郵送のために準備した時間、さらには、郵送料を一体どのように考えたのだろうか。
　最も酷かったのは

Ⅱ　日本教育悲話

北海道教育大学付属図書館

　筆者は、自著を少し余分に所有している。しかしながら、年齢を考えると、もう沢山の余分は必要なくなった。それで、著書3冊郵送・寄贈後、「残りの5冊の郵送・寄贈希望有無」の問い合わせをし、「希望有り」の連絡があった。

　5冊をゆうパック（郵送料約1,900円）で郵送した（2014年3月12日）が、受け取りの連絡はなかった。郵便局に行き、確認したところ、「届いている」ということだった。

　「ゆうパックによる郵送控」を同封し、受け取りの連絡をするように、手紙を出した(4月14日)。それでも「連絡はなかった」。

＊

　筆者の7冊目の著書、『再び広島・長崎への原子爆弾投下の過程を検証する』は、2013年6月に完成した。これには、トルーマン著『回顧録』、チャーチル著『第2次世界大戦』からの原文を引用し、日本語訳を添えている。従って、広島・長崎への原子爆弾投下の過程に言及する際、貴重なものと考えられる（我が国で、トルーマン著『回顧録』、チャーチル著『第2次世界大戦』を所持されている方は、どれほどおられるだろうか）。

　そこで、自宅から近い順に大学50校を選び、付属図書館へ、「寄贈希望の有無」の問い合わせをした。残念ながら、「寄贈希望有り」の連絡を受け取ったのは、10

校にも満たなかった。

　おそらく、大学の教育目標と、筆者の著書内容の考え方の違いを、恐れたためだと思われる。大学生にはいろいろな考え方を提供し、その後は、各人の選択にまかせないと、成長は期待できないと、筆者は考える。

　筆者が大学生のころ、経済学は、マルクス（Karl Marx—ドイツの経済学者 1818~83）に代表される「マルクス主義経済学派」と、ケインズ（John Maynard Keynes—イギリスの経済学者 1883~1946）に代表される「ケインズ学派」に、大別されていた。筆者はマルクスの『資本論』（余りにも分量が多かったので、要約）を読み

　　余りにも理想的で、現実には合わないだろう。

という感想を持った。その後、マルクスの『資本論』を、再度読むことはなかった。

　筆者は30年間の高校教員生活の中で、生徒達に

　　この世には、軽いもので「万引き」、重たいものでは「傷害や殺人」という犯罪行為がある。それらを知って、決してしないこと。

を、言い続けた。これは筆者流の教育方法で、他人には理解してもらえないものだろう。

Ⅱ　日本教育悲話

2．教育関係者の「見て見ぬふり」

「改善できるのではないかこの教育環境」

（1）どこまで保護者負担

　1986年4月より、福岡県立N高校勤務になった。この年、1学年（の教師集団）所属になり、改めて義務教育ではない高校における、「保護者負担」について考えてみた（その前の5年間は、普通高校を離れていたので、殆ど考える機会はなかった）。

　新入生を持つ保護者負担として

　　学校の制服 → 約1万円前後
　　学校の体操服（夏冬合わせて） → 1万円以上
　　教科書・参考書 → 数千円以上1万円以下
　　1学期に行われる「規律と友情の体験学習」
　　（久住方面での2泊3日のキャンプ）
　　　　　　　　　→ 数千円
　　2学期に行われる
　　「貸し切りバスを利用しての遠足」
　　　　　　　　　→ 数千円
　　2年次実施の
　　「長野県北志賀高原で行われるスキー修学旅行」
　　のため、毎月数千円を約2年間にわたって積み立て

る。

この他毎月の授業料、さらには「全員を対象とする課外授業料」が加わる。

　1988年度1学期末、北九州市内にホームステイしていた、アメリカ人女子高校生の学校訪問を受けた。早速筆者の担当していた3年生と、高校生活について意見交換を行った。
　保護者負担でキャンプや修学旅行に出かけることを話した時、彼女は信じられないという表情を見せた。家庭では、小さい時から個室を与えられ、学校では「独立心」を学ぶ彼女にとっては、当然だろう。
　アルバイトを禁止している高校はまずない。大学生になれば、時間的に余裕ができるので、自分でお金を稼いで、気の合った少人数の仲間で、出かけたい時に出かける、との説明もあった。

　ずっと後になって、以下のような話を、生徒達（複数）から聞いた。

　「規律と友情の体験学習」のキャンプでは、少人数の班に分けて、日課のスケジュールを実施する。その中には、必ずと言っていいほど、「競争遊戯」がある。最も成績が悪かった班には、「罰ゲーム」が課せられる。

そうすると、班の中の誰のせいで、成績が最も悪くなったのかが分かる。それで、最初の宿泊日より、その生徒への「いじめ」が始まる。

「長野県北志賀高原でのスキー修学旅行」は、1週間かけて実施する。そのうち、往復に要する車内2日を除き、5日間はホテル滞在である。

引率教員の目を盗んで、どれほどの「飲酒・喫煙」が、行われたことか。

以上のことから、少なくとも

　1学期に行われる「規律と友情の体験学習」の
　　2泊3日のキャンプ
　2学期に行われる
　　貸し切りバスを利用しての遠足
　2年次実施の
　　長野県北志賀高原でのスキー修学旅行

については
　内容と費用を充分説明し、あくまで「希望制」で実施すべきではなかろうか。
　課外授業についても、「希望制」にすることは当然だろう。

(2) 高校生の制服

　2015年1月8日、朝早く出かけた。玄関に置いている温度計は8度（C）を示し、屋外はそれ以下だっただろう。利用したJR日豊線の列車に乗り込んでくる高校生は、男子が詰め襟の上着にズボン。女子はブレザーの上着に、スカートだった。

　女子高校生は全てスカートということは、スラックス（slacks）の着用は認められていないということだろう。今は、年配の女性のみならず、若い女性のスラックス姿を、よく目にするようになった。活動的のみならず、冬期には暖かさのためだろう。

　なぜ女子高校生の冬の制服を、「スカートでもスラックスでもよい」と、ならないのだろうか。列車を降りた後、駅前の横断歩道を渡った小学生の女の子達は、皆ズボン姿。右手を上げ、走って横断歩道を渡った。

　また男子生徒の「詰め襟の上着」は、「黒、紺、あるいは灰色のブレザーと、それに合うズボン」で、よいと思う。そのようにすれば、通常のワイシャツのみならず、スタンドカラーのシャツでも、着用することができる。

　現在、男子高校生の夏の制服は、10分丈のズボン。なぜ「10分丈でも7分丈でも5分丈でもよい」、ことにならないのだろうか。女子高校生も同様に、「スカートでも10分丈でも7分丈でも5分丈のスラックスでもよ

II　日本教育悲話

い」と、ならないのだろうか。

　1学期の終業式や、2学期の始業式には、「男子は10分丈のズボン、女子はスカートか10分丈のスラックス着用」だけ守らせれば、問題はないと思う。

　それから、男女とも夏の開襟シャツは、ズボンやスカートの内側に入れるのではなく、外側に出せる型にすれば、暑さはかなり和らぐ。

　2015年4月に行われた福岡県知事選挙で、某候補の公約のひとつは、「公立学校のすべてに空調設置」。このようなことを実現するためには、どれほどの費用がかかるのだろうか。

　筆者がとりあげた「高校生の制服改善」は、県の予算を必要とするものでもなく、すぐに実行できることではなかろうか。

（3）夏の全国高等学校野球選手権大会は秋へ

　最近は健康に関する情報が得やすくなり、筆者はNHKラジオ第1放送の『健康ライフ』と、Eテレの『きょうの健康』は、欠かさず視聴し、自分の健康の維持・増進に役立てている。

　筆者が小学生だった頃は、夏休みが終わり9月1日に登校すると、担任の先生は、まず男の子の腕の日焼け具合を見た。そして、一番日焼けしている腕の男の子が、「最も良い夏休みをすごした」と、誉めたものだった。

ところが、現在は逆で、「できるだけ直射日光には当たらない方がよい」と、説明する（但し、ビタミンDの合成のためには、短時間日光に当たることが必要とされている）。
　今年（2015年）の夏の全国高等学校野球選手権大会は、8月6日から8月20日まで行われた。

　なぜ一番紫外線の強い7〜8月の、真昼に行われるのだろうか。

筆者なら、7月21日から31日までの7月分の夏休み

　　7/21 〜 24　　25　　26　　27 〜 31
　　（火）〜（金）（土）（日）（月）〜（金）
　　　4日分　　　　　　　　　　5日分
9日分を、10月の第2週の土曜日から第3週

　　10/10　11　　12　　13 〜 16　　17
　　（土）（日）（祭）（火）〜（金）（土）
　　　　　　　　　　　4日分
さらに第4週
　　10/18　19 〜 23　　24　　25
　　（日）（月）〜（金）（土）（日）
　　　　　　　5日分
に入れ、この期間に「全国高等学校野球選手権大会」を

Ⅱ　日本教育悲話

実施する。

　このようにすれば、実質16日間使えることになる。悪天候のため、順延になることを考慮に入れても、充分な日数である。

　またこの期間に、野球以外のスポーツ、例えばバスケットボールやバレーボールの全国大会のみならず、文化系の書道や絵画の全国大会も実施すればいい。真夏に実施するより、はるかに健康的だろう。

　ついでに、全国高等学校野球選手権大会は
　　　　　全国<u>公立</u>高等学校野球選手権大会
　　　　　全国<u>私立</u>高等学校野球選手権大会
に分けるべきだと思う。

　常連の出場校の中には、野球の上手な中学生を引き抜き、寄宿舎住まいで、野球に専念させるような高校があると、聞いている。他方、正課授業を受け、一定レベルの基礎学力が要求されるなかで、野球の練習をしている高校がある。夏の全国高等学校野球選手権大会のどこに、「フェアープレイ（fair play）」の精神があるのだろうか。

（4）これでも「優遇措置」（？）

　筆者の住む北九州市では、住民の健康管理にとても重点を置く行政が行なわれている。そして毎年のように、「健康いきいきチェック表」が、送られてくる。

　ほとんどの項目は、「はい」あるいは「いいえ」で回

答するのみだが、「栄養状態を調べる項目」に、「BMI」がある。この項目だけは計算した値を、記入するようになっているので

　　　BMI = 体重（kg）÷ 身長（m）÷ 身長（m）

に、筆者の値を入れてみる。そうすれば

　　　　　58　÷　1.65　÷　1.65 = 21.3

となる。

　この「健康いきいきチェック表」の隅に、「厚生労働省が定めたもの」となっていることが分かり、笑ってしまった。笑ったのは、以下のことが、頭に浮かんだからである。

　我が国には、「日本相撲協会」という、体重・体型から、数百人もの将来の生活習慣病（高血圧、脂質異常症、糖尿病）予備軍を、抱える団体がある。力士の方々は引退後、国民健康保険に加入するのだろうか（一般の人々に比べると、生活習慣病の罹患率は、はるかに高いはずである）。

　場所前に発表される番付表と共に、力士の「BMIの数値表」も、一緒に発表すればいい。

　話は少しずれるが、この協会に所属した力士の中には、「金稼ぎのための相撲」という印象を、与えた横綱がいた。優勝した時、土俵の上で「ガッツポーズ」をしたことを注意され、引退してさっさと帰国してしまった。

　この横綱の取り組みには、よく懸賞金がかかった。勝って懸賞金を受け取るテレビ画面に、筆者は思わず目を背

けた。なぜなら、顔に満面の笑みを浮かべ、片手で持ちきれないほど沢山の祝儀袋の束を、行司から両手で受け取っていたからである。

プロスポーツの「プロ野球」でも、一流選手になると、一般の人々には想像できないような、高額の報酬を得ていると聞く。しかしながら、その授受は、人々の面前で行われてはいない。

日本相撲協会は、「伝統文化の継承」ということで、公益財団法人として「非課税」の優遇措置を受けている。片手で持てないほど沢山ある懸賞金の祝儀袋の束を、観客の面前で受け渡しするような「品のない」ことが、平成の時代における「伝統文化の継承」と、言うのだろうか。文部科学大臣は、このことを、どのように考えるのだろうか。

我が国の青少年に、見せることが恥ずかしいような場面を提供し、しかも、将来の「生活習慣病予備軍」を、抱える日本相撲協会に、なぜ「優遇措置」を与えるのだろうか。

筆者は相撲という職業（？）を、「最も不健康で原始的」と、定義している（「原始的」というのは、その日の仕事の成績が、数秒あるいは数分で決まるからである。このような職業が、他にあるだろうか）。しかしながら、我が国の憲法に保障されている「職業選択の自由」により、「独立採算制」で行われるのが当然だろう。

III. 外国語教育の理想像

Ⅲ　外国語教育の理想像

　拙著『「英語と日本語」再考』（2014年2月鳥影社刊）の《まえがき》で、すでにとりあげたが、再度確認し、担当者の理想像もつけ加えてみよう。

　①外国語を履修する、しない
　②外国語を履修する場合、どの外国語でどの分野を履修するのか
　③履修する外国語を、どのレベルまで学習するのか

　　　　　以上を全て「個人の選択」

とする。筆者はこのような外国語教育を
　　　　　「民主主義的外国語教育」
とし、現行の「英語一辺倒の外国語教育」を
　　　　　「封建主義的外国語教育」
として、区別している。

「民主主義的外国語教育」を、効果的なものとするための担当者として、筆者は以下の3条件をあげる。

　①担当する外国語を母国語とする人と、正課授業で「ティーム・ティーチング」、課外授業で「国際交流」ができること。

②個人研究(論文、著書、作品等)があること(これがなければ、どのような外国語教育観に基づく教育を行うのかが、分からない)。

③できれば、担当する外国語が使用されている国での滞在経験があり、必要に応じて、習慣や作法の説明ができること。

このような3条件を全く持たない教員を、教育委員会は多数採用し、「封建主義的外国語教育」を遂行しているのが現実。しかも文部科学省は、「見て見ぬふり」。まさに

　　　　文部科学省と教育委員会の
　　「馴れ合いと堕落、そのうえ無責任で恥知らず」

＊本書執筆中の文部科学大臣は、石川1区選出の馳浩自民党衆議院議員。

あとがき

　筆者の高校時代の同級生A君は、筆者のことを「偏向者」と言う。その「偏向者」は、本書を含めて9冊もの著書を、完成することができた。

　筆者は個人研究の評価として、「著書」にこだわる。理数系に関することは知らないが、文系の場合、自分の主義・主張を体系的に表すには、論文ではどうしても分量が不足する。従って、文系の内容である限り、「著書を評価の基準」と、考える。

　著書1冊持たない大学教授。30年以上も小・中・高校の教員を務めながら、1冊の著書も持たないようでは、「教員としての評価」はできない。

　筆者は「偏向者」の生き方を、1975年「夏期アメリカ合衆国における研修」で学んだ。カリフォルニア州サンフランシスコ大学（University of San Francisco）における約1ヶ月の研修後、グレイハウンドバス（Greyhound）による大陸横断旅行で、グランドキャニオン（the Grand Canyon）で、1日過ごした。

　バスの出発時刻まで少し間があったので、ベンチに座り、雄大なグランドキャニオンの景色に、見とれていた。その時、筆者より身長も体重もはるかに勝る年配のヨーロッパ系アメリカ人男性が、話しかけてきた（おそらく、筆者が右肩にかけていた、日本製のカメラを見たのだろ

う）。

Are you a Japanese?
Yes, I am.

で会話が始まった。彼は

終戦後（太平洋戦争）短期間ではあったが、日本の横浜に滞在した。日本人は親切だった。それに寿司が美味しかった。

を、まず筆者に言ってから
今は車で、家族とは離れて、1人で夏の小旅行を楽しんでいる。
ということを、つけ加えた。

筆者は

高校で英語を教えている。サンフランシスコ大学での約1ヶ月の研修を終え、グレイハウンドバスによる大陸横断旅行で、グランドキャニオンに、立ち寄ったこと。

を告げた。わずか2～3分間の会話だったが
I enjoyed talking with you.
So did I.
（話ができてよかった）
と、お互いに言って、別れた。

あとがき

　考えてみれば、お互いに相手の名前も住所も知らず、しかも再会の可能性はゼロ。それでも、彼はおそらく、短期間の日本滞在中に受けた親切を、同じ日本人に伝えたかったのだろう。
　他方、筆者は研修中で、1人でも多くのアメリカ人の英語に接する機会を、求めていた。従って、全く知らない者同士で会話が成立した。このことから、筆者流の「アメリカ人の生き方」を

　　共通の目的、目標があれば団体行動をするが、
　　　　それがなければ、単独行動。

と、定義した。
　1973年4月、筆者は活動方針の違いから、福岡県高等学校教職員組合を脱退した。その月に教職員組合の行った「1日スト」の懲戒処分は、組合員の予想以上に厳しいものだった。「公務員共闘」を掲げた行動であれば、当然だっただろう。
　懲戒処分を受けて、その後、組合組織はガタガタになったと、聞いた。その証拠に、何人もの組合員が筆者に言ったことは

　　ほんとうは、組合の活動方針に賛成ではないが、
　　つき合いで組合に所属している。

このような生き方をする教員こそ、筆者にとっては一番迷惑。筆者は、「教育とは生きることを教えること」と、考える。自分の生き方もできずに、一体生徒達にどのような生き方を、示すのだろうか。
　筆者は「自分の生き方」や「個人研究」を、9冊の著書として完成することができた。もし子や孫の代までそれらを、伝えることができるならば、それは鳥影社の百瀬精一代表取締役の御厚意によるものに、外ならない。
　30年間も、「高校の英語教育」で生計を立ててきたので

　Let me say from the bottom of my heart, "Thank you very much for your support for a long time."

で終わろうと思ったが、どうも何か言い足りない気がする。やはり筆者の母国語は日本語だから

　長い間のご支援、ほんとうにありがとうございました。

で、9冊目の著書を締め括りたい。

2015年9月　　　木本　清

あとがき

「英語一辺倒の外国語教育」を
もうやめよう

木 本 清 著

　外国語教育を、中・高校生が自分の意思で選択、そして「コミュニケーションの手段」として履修できる、本来の姿にもどそう。

〈著者紹介〉

木本　清（きもと　きよし）

1943年生まれ
北九州大学外国語学部米英学科卒
元高校教諭
著書に
『なぜ学校の英語教育はだめなのか』
『日本語と英語を比べてみれば』
『英語らしい英文を用いるために』
『日本の英語教育をだめにしているのは』
『反論』
『私の英語遍歴』
『再び「広島・長崎への原子爆弾投下の過程」を検証する』
『「英語と日本語」再考』
いずれも（鳥影社刊）がある

「英語一辺倒の外国語教育」
　　　をもうやめよう

定価（本体1500円+税）

乱丁・落丁はお取り替えします。

2016年7月21日初版第1刷印刷
2016年7月27日初版第1刷発行
著　者　木本　清
発行者　百瀬精一
発行所　鳥影社 (www.choeisha.com)
〒160-0023 東京都新宿区西新宿3-5-12トーカン新宿7F
電話 03(5948)6470, FAX 03(5948)6471
〒392-0012 長野県諏訪市四賀229-1(本社・編集室)
電話 0266(53)2903, FAX 0266(58)6771
印刷・製本　モリモト印刷・高地製本
Ⓒ KIMOTO Kiyoshi 2016 printed in Japan
ISBN978-4-86265-573-8　C0082

木本 清の本

なぜ学校の英語教育はだめなのか
高校英語教育低迷の原因究明と一教員の英語教育論争を通してその改善を提言する。　　　　　　　本体1300円

日本語と英語を比べてみれば
「英語は難しい」と思っている日本人、「日本語は難しい」と思っている外国人、双方の理解を助ける。　本体1400円

英語らしい英文を用いるために
日常レベルの英語から、一歩上のレベルの英語を目指す人へのヒントと身近な用例を満載。　　　本体1400円

日本の英語教育をだめにしているのは
早期英語教育を考える前に解決しなければならない問題点を指摘する。　　　　　　　　　　　　本体1400円

反　論
英語による情報収集と英語教育に関して。例として広島・長崎への原爆投下の新聞記事をとあげる。　本体1500円

私の英語遍歴
「御都合主義的気紛れ教育行政」の狭間で30年間生きた、一匹狼の高校教員の言い分。　　　　本体1500円

再び「広島・長崎への原子爆弾投下の過程」を検証する
検証に不可欠である「投下を決定した側」の論理が窺える原文を引用し、日本語訳を添える。　　本体1500円

「英語と日本語」再考
現代日本文学作品の英訳を参考にとりあげ、現在の英語教育の問題点をあぶりだす。　　　　　本体1500円

(価格は税抜きです)